故事瓦的

林乾良
谭坚锋
著

浙江古籍出版社

图书在版编目（CIP）数据

砖瓦的故事 / 林乾良，谭坚锋著. -- 杭州 : 浙江古籍出版社, 2024.9
ISBN 978-7-5540-2990-9

Ⅰ. ①砖… Ⅱ. ①林… ②谭… Ⅲ. ①瓦当（考古）-中国-通俗读物 Ⅳ. ①K876.3-49

中国国家版本馆CIP数据核字（2024）第109791号

砖瓦的故事

林乾良　谭坚锋　著

出版发行	浙江古籍出版社
	（杭州市环城北路177号　电话：0571-85068292）
网　　址	https://zjgj.zjcbcm.com
责任编辑	黄玉洁
责任校对	张顺洁
装帧设计	吴思璐
责任印务	楼浩凯
照　　排	杭州立飞图文制作有限公司
印　　刷	杭州佳园彩色印刷有限公司
开　　本	787 mm×1092 mm　1/32
印　　张	7.375
字　　数	136千字
版　　次	2024年9月第1版
印　　次	2024年9月第1次印刷
书　　号	ISBN 978-7-5540-2990-9
定　　价	38.00元

如发现印装质量问题，影响阅读，请与本社市场营销部联系调换。

砖瓦的故事（代序）

林乾良

清贤龚自珍有诗云："但恨金石南天贫。"若论青铜、碑刻之类，浙江实比不上陕、豫、齐、冀等地，但从古甓（甓，砖也）论，吾浙实不贫而反富。今由以下三点论之：首先，从个人藏甓论，以清季湖州之陆心源为第一。其所著《千甓亭古砖图释》，驰名海内外。其次，从文献论，关于浙甓者，有冯登府《浙江砖录》、黄瑞《台州砖录》、孙诒让《温州古甓记》等，他如张廷济、阮元、罗振玉、邹寿祺、王修、吴隐、鲁迅等，各有专著。综观之，实为他处所不及。

忆昔陕西中医博物馆邀余考察法门寺唐塔地宫文物时，余顺道访周原，见西周已有砖瓦，较前代之"茅茨土阶"进步多矣。《诗》中已有"中唐有甓"。东周之时，甓上已以文字或图形为饰。历汉晋六朝，踵事增华，益为后代所宝。"秦砖汉瓦"遂广为海内外所追捧。古甓文字之见于著录者，当始于宋之《隶释》（洪适撰），收有汉永平、建初诸砖文。至于清乾嘉之时，金石学大兴，砖瓦之专著亦随之而盛。

砚之中，有"澄泥"一类。古甓亦经澄泥而成。故数百年来颇有以之制砚者，特称"砖砚"。清代乾隆亲命编纂之《西清砚史》卷二,即收汉魏古甓所制之砚四具。民国徐世昌以藏砚名世,亦曾雇工制各式砖砚。同治前后之砖砚名家,北有方朔,南有朱苎。余珍藏方朔所制之砚拓,隶书铭曰:"砖形锐,故下丰。仰而用,与斗同。公才岂可以八计,墨瀋一泓江海从,富贵小事何足雄。"系同治十二年(1873)时书。至于朱苎所作,余藏一"凤凰元年"砖砚,亦隶书铭"阳朔吕氏藏砖,德清朱友岩作砚"。西泠印社首任社长吴昌硕诗"缶庐长物唯砖砚",又作"禅甓轩"匾并印,可知兴致之浓。自清以来,砖砚与文人墨客结下不解之缘,颇有人手数品之风。亡友陈左夫60年前自刻印曰"两汉三国六朝百砖砚斋主人"。余号甓癖,亦以"百砖砚斋"名。西泠同社之好砖者比比,如谭澄园、陈伯衡、高络园、余任天、矫毅、王伯敏等,皆已作古多年矣。在世者亦多(如童衍方、唐存才、江继甚及余),不赘述。

古砖及砖砚固属古玩,其拓片则属衍生之文物,若系名家收藏及手拓者更属珍贵。沙师孟海40年前曾尽以青年时之砖拓相赠。

名家所题之砖拓,则更难以估量矣。寒舍藏"问年砖"拓,左下题词三行:"道光己丑秋八月十一日,云樵山人方煦得于杭城清平山之麓。徐楙注。"原藏者许明农,为抗战时期天目印社副社长。右侧有其两行注:"此砖极奇罕，故徐氏得之而号问年道人。"何以砖文名"问年"，至今无解。又藏一拓，虽晚百余年，而奇罕之处尤胜之：砖面刻汉《急就章》首数句，当系2000年前制砖工人于湿坯上以竹片随手刻之遣兴；其两旁有名金石家邹寿祺题。今录其文如下："是砖洛阳出土，与流沙木简文同，正史黄门书也。姚君贵昉得以让予。数年前，河井仙郎以五百金易去，闻已毁于地震。留拓仅存数纸。捡一完善者以奉竹人仁兄清赏，并记其始末如此。癸酉三月邹寿祺。"当年余得之狂喜，即于底下方寸之地题曰："急就汉砖传千古，原物复入土，手拓亦罕睹，归之印迷得其所。"

2021年6月，我以年事已高，曾将珍藏之晋升平二年（358）12砖砚赠与浙江图书馆，并将共16平方尺之大拓片及名家所题一并捐赠。其12砖之上半，均琢有山水人物，合起来即史上有名之"兰亭集"。该集参加者41人，悉王羲之及其亲友。砚上由巧工雕众人流觞曲水之情境。

无论古砖、砖砚还是砖拓，均多有玩赏与研究之处，趣味多多。砖、砚之上可以刻铭，拓上可以题词，篆、隶、楷、行、草，应有尽有。又可补画，山水、花鸟、人物、博古、锦灰堆，色色悉具。筑泥成砖，故砖砚与澄泥砚同属一类，其质细腻者，磨墨亦发，可供砚台之实用，并非仅作案头摆设也。砖砚外，又可制为茶台、盆景盆等。其断残之甚者，还可以制为花插、镇纸之类。我从文玩中"泉山"受到启发，创出"甓山"。三年前，首制"楼阙式""经幢式""山字式""丫顶式"等甓山，曾在《香港书画报》《中国篆刻》发表。

嘻，砖乐无极！

序二

中国是一个有着5000多年文明的泱泱大国。漫步历史长河，随处可见凝结古人智慧和才能的遗迹。当我们在古代遗址边上，看到一座座建筑物的残骸及其构件时，不禁会联想它们最初的样子。建筑固然雄伟，构成建筑的砖瓦也同样承载着不可忽视的历史和文化。"秦砖汉瓦"让我们眼前浮现出一个个纷扰而辉煌的时代，它也成为古代建筑的符号和文化的象征。随着金石学的昌盛，历代学者不断地挖掘和拓展砖瓦上所蕴含的文化信息，使其成为金石学及美术的一个研究门类。

我们提倡文化自信，就不能忽视中华文明带给我们的任何一样遗产。作为古代建筑构件的代表——砖瓦所体现的历史和文化也应该是我们继承和发扬的内容。

本书的内容大致如下。第一和第二章是关于瓦当的介绍，一类是文字瓦当，主要是指有汉字的各种瓦当；另一类是画像瓦当，是指有图案和图画的各种瓦当，包括各种人物形象和动植物形象等。第三章到第六章是不同种类的条形砖。条形砖是指狭长的矩形砖，是古砖中数量最多的一种，内容主要包括纪年、吉语、其他文字（如墓志、哀辞、买地券等）及画像。第七章中的画像砖是指有别于条形砖的有图像的大型砖。第八章主要介绍了形制比较大的文字砖，如著名的"海内皆臣砖""九思砖"。

2018年，林师乾良和李育智合著的《印章的故事》由浙江古籍出版社发行，颇受读者欢迎。因此，林师又邀请我合作编写《砖瓦的故事》。林师编定纲目（共8章）、选择图样后，由我撰写初稿，再由他修改、补充和定稿，最后由我整合。经过两年多的合作，这本关于砖瓦故事的小书即将付梓。我们希望这本小书能够为您带来一点砖瓦所承载的历史故事和文化信息，希望大家在阅读中能获得一丝乐趣。

乐者寿，是全世界的共识。冯友兰曾经书"岂止于米（米寿88岁），相期以茶（茶寿108岁）"。林师也是养生学大师，1982年由上海科技出版社发行的《养生寿老集》驰名海内外，三年后还被译为日文。他的《中国茶疗》，共由3家出版社发行4个版本，又译为英、法、波兰等文。以此书祝读者朋友们共臻"茶寿"！

谭坚锋

2023年12月

目录

第一章
文字瓦当
/1

1. 官瓦 / 2
2. 上林瓦 / 4
3. 富贵瓦 / 6
4. 二马纹甲天下瓦 / 8
5. 羽阳千岁瓦 / 10
6. 千秋万岁瓦 / 12
7. 长生无极瓦 / 14
8. 长乐未央瓦 / 15
9. 与华无极瓦 / 17
10. 亿年无疆瓦 / 18
11. 京师寓当瓦 / 20
12. 鼎胡（湖）延寿宫瓦 / 22
13. 惟汉三年大并天下瓦 / 24
14. 延寿万岁常与天久长瓦 / 26

第二章
画像瓦当
/29

1. 饕餮纹半瓦 / 30
2. 树木纹瓦 / 32
3. 云纹瓦 / 35
4. 青龙瓦 / 37

5. 白虎瓦 / 39

6. 朱雀瓦 / 40

7. 玄武瓦 / 41

8. 四鹿纹瓦 / 42

9. 母子鹿纹瓦 / 44

10. 母子雉纹瓦 / 46

11. 豹纹瓦 / 47

12. 蟾蜍玉兔瓦 / 49

13. 双龙纹瓦 / 51

14. 菩萨莲座瓦 / 53

第三章
条形纪年砖
/ 55

1. 永元元年砖 / 56
2. 永元五年砖 / 58
3. 永初四年砖 / 60
4. 永寿三年砖 / 62
5. 黄龙元年砖 / 64
6. 嘉禾砖 / 66
7. 五凤二年砖 / 68
8. 五凤三年砖 / 70
9. 大吴五凤三年砖 / 71
10. 惟太康二年砖 / 72

目录

11. 太康九年八月砖 / 73

12. 永宁元年砖 / 75

13. 元康八年砖 / 76

14. 咸康三年砖 / 78

15. 建元二年砖 / 80

16. 永和九年砖 / 81

17. 元嘉十七年砖 / 83

18. 天安元年砖 / 85

19. 太平兴国七年砖 / 87

20. 道光二十年砖 / 89

第四章
条形吉语砖
/ 91

1. 大吉砖 / 92

2. 大吉砖 / 93

3. 长乐除凶利王大吉砖 / 94

4. 万岁砖 / 95

5. 万岁砖 / 96

6. 万年砖 / 97

7. 万年不败出贵人砖 / 98

8. 长寿砖 / 99

9. 永未央可久长砖 / 100

10. 常乐砖 / 101

11. 承寿安乐砖 / 102

12. 万岁不败砖 / 104

13. 万岁不败生人贵砖 / 106

14. 福德除难砖 / 107

15. 王后公侯寿吉兮砖 / 109

16. 康久平砖 / 110

17. 金钱日至砖 / 111

18. 君子长生砖 / 112

19. 左：大吉祥宜公卿家有五马千头羊
    右：富贵祥宜侯王并兴乐寿命长
    / 114

第五章
条形文字砖
/ 117

1. 汉"叹曰"哀辞砖 / 118

2. 西晋哀辞砖（残）/ 119

3. 五言哀辞砖 / 120

4. 春秋不竟世砖 / 121

5. 魏景元元年张普墓志砖 / 122

6. 晋王闽之墓志砖 / 124

7. 宋炼师墓砖 / 126

8. 秀州海盐县城墙砖 / 128

9. 明南京城墙砖 / 129

10. 佛塔成就砖 / 130

11. 元祐五年塔砖 / 132

12. 六和塔砖 / 134

13. 魏孝昌二年塔砖 / 136

14. 元康元年买地买宅砖 / 138

15. 率道以渐砖 / 140

16. 大魏正光二年砖 / 141

第六章
条形图像砖
/ 143

1. 钱纹砖 / 144

2. 鱼纹砖 / 146

3. 须龙纹砖 / 148

4. 孔雀纹砖 / 150

5. 飞天龙纹砖 / 152

6. 佛像狮纹砖 / 154

7. 迦陵频伽纹砖 / 156

8. 执器人物纹砖 / 157

9. 葫芦形树纹砖 / 159

10. 采芝纹砖 / 160

11. 舟渡纹砖 / 162

12. 飞燕骑射纹砖 / 164

13. 兽面纹砖 / 165

14. 斗鸡纹砖 / 166

15. 羽人和神鹿纹砖 / 168

16. 西王母纹砖 / 170

17. 六博纹砖 / 172

18. 舞乐纹砖 / 174

第七章
画像砖
/ 175

1. 播种画像砖 / 176

2. 弋射收割画像砖 / 178

3. 采桑画像砖 / 180

4. 采盐画像砖 / 182

5. 酿酒画像砖 / 184

6. 舂米画像砖 / 186

7. 东市画像砖 / 188

8. 养老画像砖 / 190

9. 传经讲学画像砖 / 192

10. 宴乐画像砖 / 194

11. 观伎画像砖 / 196

12. 轺车出行画像砖 / 198

13. 单阙画像砖 / 199

14. 伏羲女娲画像砖 / 201

15. 羽人日月画像砖 / 203

16. 纺织画像砖 / 205

17. 丁兰刻木事亲画像砖 / 207

18. 童子戏莲画像砖 / 208

第八章
大型文字砖
/ 209

1. 海内皆臣砖 / 210

2. 长乐未央砖 / 212

3. 富贵昌砖 / 213

4. 九思砖 / 215

5. 千秋万世砖 / 217

6. 金砖 / 218

本书主要参考书目 / 220

第一章
文字瓦当

一枚小小的瓦当并不能阻碍古代匠人们的想象力和创造力,中国文字的独特属性为匠人们提供了无限的可能。将文字纳入圆形或半圆形(半瓦)的空间内,以"万变应不变",他们创造出了瓦当文字的奇特形体,开辟了广阔的艺术空间,是空前大胆的自由艺术创作!

1. 宫瓦

我们看到的这枚瓦当，外轮宽阔，内有两个细圈。两细圈之间有双线十字界格，四个界格中有如意状云纹，内圈中有一篆书"宫"字。此瓦布局空灵，纹样简单，是典型的单字瓦当。

宫，最初是房屋和居室的通称。但至秦，宫成了帝王住所的称谓，平民百姓的屋子就不能再称作"宫"了。从瓦上的"宫"字可以判断，这类瓦当应该是用于古代宫殿类建筑。

战国末期，秦国不断强大，在灭六国的过程中，秦王曾下令，每灭一国即在咸阳仿建一国之宫室，当时在渭水之滨兴建了许多宫殿。秦统一六国后，国力日益强盛，开始大兴土木，最有名的莫过于阿房宫了。始皇三十五年（前212），在渭河以南的上林苑中开始营建阿房宫。据《史记·秦始皇本纪》："先作前殿阿房东西五百步，南北五十丈，上可以坐万人，下可以建五丈旗。周驰为阁道，自殿下直抵南山，表南山之巅以为阙。为复道，自阿房渡渭，属之咸阳。"据考证，阿房宫（阿房是前殿的名称，但后世将前殿在内的一系列宫室通称为阿房宫）工程浩大，始皇帝时没有完工，后来秦二世继续修建，但直到秦朝灭亡，阿房宫也没有建成。相传楚霸王项羽入关推翻秦朝时，一把火烧掉了阿房宫，大火烧了整整三个月，方圆百里尽成灰烬。但就考古来看，在阿房宫遗址上并没有发现大量草木灰，而在咸阳宫处发现大面积过火痕迹。另外，《史记·项羽本纪》中说项羽火烧咸阳宫殿，"烧秦宫室，火三月不灭"，并未提及阿房宫。可见，后人张冠李戴，让楚霸王背了2000多年的"黑锅"。

　　西汉，以"汉三宫"最为出名，也就是大家所熟知的"长乐宫""未央宫"和"建章宫"。"宫"字瓦当的出土，有助于我们断定古代宫殿的具体位置，是考古时有力的实物证据。

2. 上林瓦

此类瓦当出土于陕西西安上林苑遗址，属于西汉时期的器物。汉代文景时期的文字瓦当，文字绝大多数为篆书，偶尔也有隶书出现。这枚上林瓦当，使用的就是篆书。匠人根据瓦当的弧形将文字顺势弯曲，组成圆形文字图案。为了美观，他们煞费苦心，将文字减笔或增笔，变化其形，与当时的汉印文字如出一辙。

"上林"二字表明该遗址便是历史上鼎鼎有名的上林苑所在地。"苑"是古代帝王游玩、打猎的地方，其内往往建有华美的宫室，豢养珍禽异兽，种植奇花异草，是包罗多种生活内容的园林总体，可以说是我国历史上最早的植物园和动物园。上林苑位于今西安附近，秦朝时就已兴建，周围二百多里，故址至今西安、户县、周至界。前面提到的阿房宫便建于上林苑内。到汉初，上林苑荒芜。武帝时重建，内养禽兽，供皇帝射猎，并建离宫、观、馆数十处。其宏伟、壮丽可在司马相如作的《上林赋》中窥见一斑："离宫别馆，弥山跨谷，高廊四注，重坐曲阁。"

3. 富贵瓦

此瓦非常直白，外轮之内就是明明白白地印着两个字"富贵"，再无其他纹饰。

那么什么是"富"呢？从字形上我们似乎也能看出点名堂。宝盖头，不就像是一个屋顶吗？得要有房子住。下面有一横，"大富长者坐高堂"，要有德行稳重的老者。再下是一口，要人丁兴旺。最后是一田，要有地种，土地不欺人，勤劳能致富。从此看来，富并不是家财万贯、良田千顷，而是能满足人的日常需求便可为富。古人教导我们要"知足常乐"，单从这个"富"字中便能窥见端倪。

那什么又是"贵"呢?当官的名列"三公"(一般认为是太尉、丞相、御史大夫),或是"公、侯、伯、子、男"爵位加身,那自然是贵了。到皇帝荣登九五,就是贵之极点了。

富贵本身并不是坏东西,只是我们应该明白如何来使用"富贵"。有钱有势不是让人贪图享乐,为富不仁,而是让人有更多的机会去服务大众,广种福田!"富贵不能淫,威武不能屈",是让人保有一颗初心,不要在大富大贵的时候丧失了人本来的面目。

砖瓦的故事

4. 二马纹甲天下瓦

这枚瓦当在外轮内有一个方形界框，框内下部一前一后并列两匹马，马上空白处印制"甲天下"三字。我们不清楚古人在此印制二马纹的真实意图，但不妨来假设。或许，此瓦所出之处正以养马闻名，所以敢在瓦当上印制"甲天下"三字，似乎在宣称我养的马天下第一。它的内容有点像在打广告，将瓦当悬于檐上，好像一个个高挑的"酒招子"，让过往行人一看便知。

这也让人不禁想起历代的名马。项羽的乌骓、刘备的的卢、曹操的绝影、吕布的赤兔，这些我们耳熟能详。

而唐太宗的"六骏"——拳毛䯄、什伐赤、白蹄乌、特勒骠、青骓、飒露紫，伴随其征战沙场，屡立战功。唐太宗还命阎立本绘制六骏形象，并刻在石碑上以志纪念，也即"昭陵六骏"石刻。可惜的是六骏中的"飒露紫"和"拳毛䯄"两石，于1914年被古董商卢芹斋盗卖到国外，现藏于美国费城宾夕法尼亚大学博物馆，其余四石现藏于陕西西安碑林博物馆。此外，唐玄宗的"照夜白"也甚有名。

由于在古代军事和农事上的作用，马历来为人们所喜爱，马的形象也出现在各种器物之上，成为一类重要的纹样。国宝铜奔马，是中国旅游业的形象大使。

也有人认为，此"二马纹"可能指屋主姓"马"，但无从考证。

5. 羽阳千岁瓦

近现代书画大家溥儒曾填过一阕《凤衔杯》，题为"咏秦羽阳宫瓦"："羽阳宫殿悲何处。彩云萧史同朝暮。霸业久随尘，问咸阳、可怜焦土。只河岳，还如故。阅沧桑，成今古。章台片瓦皆愁侣。叹璧月仍圆，销磨秦汉经风雨。兴亡恨，谁能补。"

词中提到一处宫殿——羽阳宫。羽阳宫是什么时候、由谁建的呢？有人说是秦武公时建，也有人说是秦武王时建，不能确定。但大家都肯定的是，羽阳宫南临渭水，北靠高原，位于大散关、陈仓关、陇西要道交会处。一旦有事，这座宫室便是处置危机的枢纽之地。到了北宋元祐六年（1091），当时的宝鸡县城东门外发现几件古筒瓦。其中一件非常完整，表面塑着"羽阳千岁"四个字。随后的岁月里，带着羽阳字样的瓦当也频频出现在宝鸡，于是大家认为羽阳宫旧址应该就在宝鸡。这事最早被王辟之记录在其《渑水燕谈录》中，所以，羽阳千岁应为最早见于著录的瓦当。宋以前人们对于古代砖瓦的关注度没有后世那么高，以为就是一些随意倾倒的"建筑垃圾"，但北宋时羽阳千岁瓦的发现，开启了金石学中古代砖瓦研究的序幕。

到了20世纪40年代，由于修建陇海铁路，大量羽阳类瓦当出土于现在宝鸡的马道巷至火车站一带，可惜大多被毁用来铺路。这批瓦当中心饰一个乳丁纹，其外以双线分割四等分扇区，内书四字小篆，有"羽阳千岁""羽阳千秋""羽阳万岁""羽阳临渭"四种。"羽阳千岁"有粗细两种篆文样式，书写风格完全不同。

6. 千秋万岁瓦

在为人祝寿时，大家常常会使用一些表示寿命长久的词来表达美好的祝愿。"千秋万岁"可能是使用频率最高的。这一表达祝愿的词在中国已经流行了2000多年，历朝历代的诗词中也常有出现。作为成语，"千秋万岁"有三种解释：形容岁月长久；祝人长寿之词；婉言帝王之死。汉文字瓦中，也以"千秋万岁"瓦为最多。

在两汉之前，"千秋万岁"只是文字，而到了两晋南北朝时，"千秋万岁"却幻化为一种神兽。东晋葛洪在《抱朴子·内篇》中写道："千岁之鸟，万岁之禽，皆人面而鸟身，寿亦如其名。"从此，大家把人面鸟身的形象称作为"千秋万岁"。这可能是文献中最早有关"千秋万岁"形象的记载。"千秋万岁"在文献中虽然较晚才变化出这一形象，但人首鸟身的形象却自秦汉以来就屡有记载。《山海经·中山经》说："自煇诸之山至于蔓渠之山，凡九山，一千六百七十里，其神皆人面而鸟身。"又《山海经·海外东经》中载："东方句芒，鸟身人面。"传说句芒是辅佐帝太皞或东王公的东方之帝。1978年在洛阳金谷园村发现的新莽墓壁画中有一幅"东方句芒图"，图中男性人首，朱雀身体，色彩斑斓，整体形象和"千秋万岁"无异。也有人说"千秋万岁"是佛教题材中的"迦陵频伽"。但比对形象后，会发现两者并无关系。"千秋万岁"是男女成对出现，而"迦陵频伽"没有性别差异，且基本是双手合十呈膜拜状，不像"千秋万岁"只有翅膀没有双手。

无论是美好的祝词还是奇妙的神兽，古人将"千秋万岁"做在瓦当之上，无非就想长生不老，岁月永恒！

7. 长生无极瓦

汉代瓦当中经常出现"长生无极"字样。长寿没有极点，也就是永生，反映的是人们追求康乐、安宁、长寿等朴素的愿望。关于长生不老，古人也不仅仅停留在口头上，尤其是历代帝王费尽心思寻求长生之术。秦始皇派徐福出海，即是一例。也有不少人为得长生，寻仙问道，大置丹鼎，如"五石散"之类都一股脑儿往肚子里吞，结果自然是"永生"了，成为无稽之谈。不过，在古代医药文献中，确有关于抗衰老方药的记载，如针对听力的"聪耳"，针对视力的"明目"，针对腰腿的"强腰膝"，针对皮肤的"养颜"等。

8. 长乐未央瓦

"长生"是一个千古话题,是人们对生命永久的关切,人类毕生都在追求这个命题。即便像《盗墓笔记》这样的小说也摆脱不了这一课题:寻找蛇眉铜鱼,寻求长生之术。但长生不能代表一切,如果只能活得久,而毫无生活质量,不能"乐活",也就没有意义!所以,瓦当中不仅出现"长生无极",还有"长乐未央"——长久快乐,永不结束。"无极""未央"就是无穷接近但并未达到"巅"和"极"的状态,也就是说,长生和长乐都没有边际,永远在增长的过程中,这8个字完美地概括了古人心中的美好生活。

也有人说,"长乐"的乐,最早出自周公旦"制礼作乐"的乐,"乐者,天地之和也"。《礼记·乐记》中记载,"乐"的本质是"和",天代表天子,地代表诸侯。《乐记》又说:"乐也者,圣人之所乐也,而可以善民心。其感人深,其移风易俗,故先王著其教焉。""礼乐"是一种颇具亲和力的治国方式,周公以礼乐来治理天下。所以"长乐"的意思是:国君以亲和力善待臣民,国祚可得永续。因此汉代两座宫殿分别以"长乐"和"未央"来命名,并不是让住在其间的帝王及时行乐,而是在不断警醒他们要做一个合格的君王。

《汉书·高帝纪》记载,汉高祖五年(前202)九月治长乐宫,七年(前200)二月治未央宫。秦有兴乐宫在长安乡,汉易名为长乐宫。所以,我们一般认为,"长乐未央瓦"就是出于这两宫。但毛俊臣谓:"长乐未央系古人泛用吉语,不是专指长乐、未央两宫而言。"

9. 与华无极瓦

"与华无极"瓦当多出于陕西华山汉代宫殿遗址，属于吉语类瓦，意思是与华山一样，有始无终，永远长存。

华山被尊为"西岳"，是五岳之一，也称"太华山"，位于陕西华阴，有"奇险天下第一山"之称。据章太炎考证，"中华""华夏"借华山而得名。华夏民族最初居于"华山之周"，名其国土曰"华"。其后人迹所至，遍及九州，"华"之名始广。可见，中华民族之"华"来源于"华山"，华山也就有了"华夏之根"的说法。

同此瓦当相似的有"与华相宜"瓦当。

10. 亿年无疆瓦

亿年，指万万年，年岁长久；无疆，意为无穷，没有止境。汉代班固《东都赋》有"登祖庙兮享圣神，昭灵德兮弥亿年"句，唐代韩愈《进撰平淮西碑文表》有"然而淮西之功，尤为俊伟，碑石所刻，动流亿年"句，而清代龚自珍《瓦录序》中提到过"亿年无疆"瓦。

清代程敦著《秦汉瓦当文字》也录入此种瓦当，云："右亿年无疆瓦一，俞太学得于长安市肆。此瓦不知所施，或引《汉书·王莽传》：莽妻死，谥曰孝睦皇后，葬渭陵长寿园西，令永侍文母，名曰亿年，故以为莽妻陵瓦。

然考秦汉宫殿之以年寿命者,若祈年、长年、延年、永寿、益寿、步寿、万岁寿、安寿成之类甚夥,率皆取颂祷之辞。亿年无疆亦即此意。以为莽妻陵瓦,恐拘泥已甚,所不取也。"而据了解,这种铭文瓦当是传世秦汉瓦当中之名品,多出自西安,咸阳博物院也存有此种铭文的瓦当。

历代文人多将古代砖瓦制成砚台,效果有点像澄泥砚。2014年中国嘉德秋季拍卖会上就出现过一块西汉"亿年无疆"瓦当砚,当时拍出74750元的高价,在国内拍卖会上留下了惊鸿一瞥。

砖瓦的故事

11. 京师寓当瓦

这枚瓦当中的"寓"字特别引人注意。寓,是指居住、寄居。一般自己住的房子不可能在瓦当上印制"寓"字,所以此瓦的"寓"字可能指宾馆、旅社之意。"京师寓"是建在京师的宾馆,应该就是"国宾馆"。

在物质条件不够丰厚的古代,人们来到繁华的京都如何解决住宿?古代的旅馆业又是怎样的一幅图景?

我国最早类似于"旅馆"的场所叫做"驿传",是供古代传递文书人员及官吏诸侯往返都城途中居住的旅店,周代时就有。春秋战国时期,除了官用的"驿传",

民间商业性客舍也有了发展。《左传》记载，郑国曾建"诸侯之馆"，以迎接诸侯的到来，算得上"国宾馆"了。秦统一六国后，在全国范围内建立驿传制度。汉承秦制，驿传制度得到了进一步完善，在交通要道上大约每30里设一驿，相当于一个交通站。南北朝时，民间旅店发展很快，"旅馆"一词也初见于南朝。唐代国力强盛、贸易发达，旅店也在此间获得巨大发展。唐时有两种"国宾馆"，一曰鸿胪客馆，归主管外事接待、民族事务的鸿胪寺管辖，主要招待外来使臣；二曰四方馆，归三省六部之中书省管辖，当时的唐首都长安和东都洛阳都设有四方馆。宋代是商品经济极为发达的朝代，旅馆业更是繁盛，旅馆密集程度甚至超过唐代。史载南宋都城临安私营客栈遍及全城，多设在闹市区、西湖沿线等。元代时有了"饭店"的记载，当时挂此字号的是民间饮食店或兼营住宿的饮食店。明清时期，除了民间的旅馆，会馆也非常兴盛。在京城，不仅有地区性会馆，还有行会会馆。到了晚清，随着清朝国力衰微，由先秦沿革而来的旅馆发展趋于停顿，但西方旅馆大举开建，客观上使中国的旅馆业逐渐走上了近代化之路。

12. 鼎胡（湖）延寿宫瓦

陕西蓝田县焦岱街村周边曾出现过无数瓦当和零星的古代建筑构件，人们起初并不知道这些个玩意儿是什么时候、干什么用的，直到有文物部门将这片土地封存起来，严禁动土开挖，大家才渐渐知道，这里原来是一处古代皇家别院，曾经叫做"鼎湖延寿宫"。

此瓦当中有篆书"宫"字，周边是篆书"鼎胡（湖）延寿"四字。当面内侧凸起单弦纹，当心"宫"字，外延有正十字双线界格。从文字中我们便可获知，此瓦乃"鼎湖延寿宫"旧物。

汉代为什么要在此处建"鼎湖延寿宫"呢？这就要从黄帝说起。司马迁在《史记·封禅书》中记载："黄帝采首山铜，铸鼎于荆山下。鼎既成，有龙垂胡髯，下迎黄帝。黄帝上骑，群臣后宫从上者七十余人。龙乃上去，余小臣不得上，乃悉持龙髯，龙髯拔，堕，堕黄帝之弓。百姓仰望黄帝既上天，乃抱其弓与胡髯号，故后世因名其处曰鼎湖，其弓曰乌号。"所以，鼎湖乃是黄帝"御龙升天"的地方。而后秦始皇和汉武帝效仿黄帝，在此处修建宫殿，铸鼎炼丹，也想登仙升天，以期长生。

但黄帝升仙之鼎湖究竟在何处，有说在河南灵宝铸鼎原的，有说在陕西渭南荆山塬的，有说在陕西西安鼎湖的，也有说在陕西咸阳嵯峨山的，众说纷纭，还未有确切的说法。

13. 惟汉三年大并天下瓦

这是一枚有明确纪年的瓦当。大家的注意力会放在"汉三年"这几个字上。那"三年"到底是指哪一年呢？公元前206年，项羽灭秦分封诸侯，刘邦为汉王，后来史上将这一年定为汉高祖元年，而刘邦即皇帝位于高祖五年（前202）。据此，三年应该是公元前204年。这一年除了韩信靠"背水一战"打败了赵军外，"成皋之战"也正在如火如荼地进行。成皋之战起于前205年，是项羽和刘邦围绕战略要地成皋而展开的决定楚汉命运的持久争夺战。此战历时两年零三个月，最终刘邦以弱胜强战胜了劲敌项羽。成皋之战结束于高祖四年（前203），而高祖三年时天下还未归汉。

那么此枚瓦当上为什么会印制"惟汉三年大并天下呢"？贾谊《过秦论》记述秦孝公有"囊括四海之志，并吞八荒之心"，我们可以认为此瓦当上的"大并天下"也表示此意。另外，董仲舒在《举贤良对策》中有"今陛下并有天下，海内莫不率服"之句，可见，此处的"大并天下"也不无称耀之意。

14. 延寿万岁常与天久长瓦

对于古代帝王来说，延年益寿、长生不老常是其最大的心愿，总想能永远做"天下第一人"。帝王之位对于人来说是那么具有吸引力，以至于从古至今无数人前仆后继！而这枚瓦当上的"延寿万岁常与天久长"表达得更是夸张，简直不是"人"了，而是要当"神"。

此瓦从右至左依次为二字、四字、三字，每字间有界格。布局依字的笔画多少而变化，字形繁简适宜，生动活泼，毫不呆板，是多字瓦中的佳品。这枚瓦当有九字之多，但并不是字数最多的。

下面我们来罗列一下，不同字数的文字瓦当：

一字的，如"卫""金"字等。可能是保卫部门与某姓家族所用之瓦；

二字的，如"万岁"、"延年"、"上林"（上林苑）、"酒张"（私家用瓦）、"阳翟"（官署用瓦）等；

三字的，有"甲天下""万有憙"等；

四字的，数量最多，如"千秋万岁""长生无极""长乐未央"等；

五字的，有"鼎胡（湖）延寿宫""延年益寿昌"等；

六字的，有"千金宜富贵当""千秋万岁富贵"等。

七字的，有"千秋利君长延年""日入百金米千石""千秋万岁乐未央"等；

八字的，有"千秋万岁与天毋极""长乐未央世世永安"等；

九字的，有"延寿万岁常与天久长""长乐未央延年益寿昌""长乐未央延年永寿昌""千秋万岁长乐未央昌"等；

十字的，有"天子千秋万岁常乐未央"；

到目前为止出土的瓦当中，并未发现有十一字瓦；

十二字的，有"维天降灵延元万年天下康宁"与"与民世世天地相方永安中正"。此两瓦可算目前文字瓦当中字数之极了。

第二章

画像瓦当

画像瓦当，是指由图案和图画组成的各种瓦当，包括各种人物形象和动植物形象。古人运用其丰富的想象力，将我们熟知的事物通过夸张变形的手法浓缩在一枚枚小小的瓦当上，让我们在千百年后还能窥见古人的小心思。

1. 饕餮纹半瓦

我们常见的瓦当多成圆形。如果只是圆形的一半，即称半瓦。这枚饕餮纹（又称兽面纹）半瓦，即是如此。此类半瓦以河北易县燕下都遗址、河南洛阳和山东临淄出的最有代表性。饕餮纹半瓦的纹样是用印模印制的，借用的是商周青铜器上的图形。文中所见战国燕下都半瓦，于凶狞中透出秀雅，为珍藏精品。

饕餮是一种传说中的动物。《山海经·北山经》有云："钩吾之山，其上多玉，其下多铜。有兽焉，其状如羊身人面，其目在腋下，虎齿人爪，其音如婴儿，名曰狍鸮，是食人。"据晋代郭璞注解，此处"狍鸮"即饕餮。而我们通常所见的饕餮纹中饕餮并无身体，只有一个大头和一张大嘴。那是为什么呢？因为这个"吃货"实在太能吃了，见什么吃什么，贪吃到连自己的身体都不放过。所以《吕氏春秋·先识览》中说道："周鼎着饕餮，有首无身，食人未咽，害及其身，以言报更也。"也有传说认为，黄帝战蚩尤，蚩尤被斩，其首落地化为饕餮。总体上，关于饕餮的来源，诸说纷纭。

我们在许多上古青铜器（如二里头夏文化青铜器）上发现很多饕餮的形象。"饕餮"为四凶之一，古人为什么要发明这样一枚"怪咖"呢？当然是由于当时的社会生产力了。由于原始社会生产力低下，人们对神灵充满敬畏之心，乞求神灵的保佑，并欲借助神力来支配各种事物。而沟通人、神的巫师们就想到了利用器物上的动物与神灵交流，所以面目狰狞的饕餮等一系列怪异的动物就被推出，而它们也就成了神秘和权力的象征。李泽厚先生称这种夸张的动物纹饰和造型所呈现的超脱尘世的神秘气氛和力量有"狞厉之美"。它们所具有的威吓力量，古人认为能被除不祥，保护生者，所以将饕餮纹印制在各类金石上也就再正常不过了。

砖瓦的故事

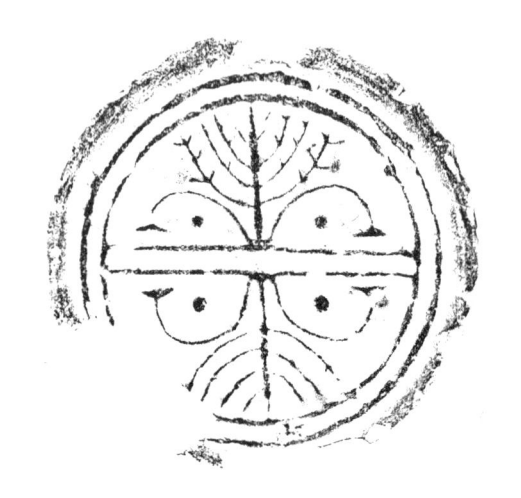

2. 树木纹瓦

如果让一位小朋友画棵树，他肯定是先画一个主干，然后画几个枝条，最后再添上几片叶子。大人们会问，这个是树吗？小朋友会理直气壮地说，当然是树了，你看公园里的树不就是这样吗！你也别说，古人画的树也是如此呢！我们看到的这枚战国齐鲁地区的树木纹瓦当，两树根对根而立，树冠呈半圆形，其中一棵犹如另一棵的倒影，构成一个饱满的圆形图案。

那古人为什么要在瓦当上印制树木纹呢？因为自古以来，树木予人多利。上古时期有一位"有巢氏"，他发明了最早的房屋。"有巢"两个字就是指人们要有地方住，而"有巢氏"便是教人们不再以地为床以天为被，而开始用树枝、树叶建造简单棚屋的圣人，这样远古时期的人们就可以躲避野兽和洪水了。实际上，和传说中的有巢氏时间相当的有距今约7000年的河姆渡人。当时，浙江余姚的河姆渡文化就已经有建造于一排排木（竹）柱之上的"干栏式"建筑了。先民们砍现成的大树或竹子作架子，竖起顶篷，修成使用面积各不相同的"空中住房"。这样人们既不怕毒蛇猛兽的袭击，还可脱离潮湿的地面。住房之下，还可以养家禽与家畜。而对于古人来说，捕猎是一个极耗体力的"团建活动"，要想天天吃肉是很难做到的。于是，树木所提供的各类瓜果便成了古人们果腹的居家必备。

每一个瓦当的纹饰都是有意义的，在小小的圆形或半圆形空间中融入了许多社会观念和思想意识，赋予它丰富的文化内涵。树木给人带来的诸多便利，是人们崇拜树木的直接原因。树木将根植在土壤中，树干生于地上，树冠又入云天，因此古齐国人认为树木能沟通天、地、人三界。同时，树木可以通过种子、插条等方式繁衍，有非常强的繁殖能力，所以，在淄博及其周边地区，直到现在，人们仍以在树上放置石块的方式求子。另外，树木体型高大、丽日月而不倒，树木这种多年生的特性使其有了"延年"的意义。此外，古人还认为，树木是神灵的栖身之所，如同庙宇一般神圣不可侵犯。古代东夷人崇拜树木，就是因为太阳神是栖身于树木之上的。

"木"又是五行之一。从先秦开始，人们就认为"木德"与国家命运有关，"木德"能化育万物，因此，国君要用"木德"治理国家，要像春天一样化育天下。

此外，树木还有防灾、减灾的作用，如《管子·度地》中有"树以荆棘，以固其地；杂之以柏杨，以备决水"的记载，可见当时人们就有很强的保持水土的环保意识，更说明自古以来，树木与我们生产、生活各个方面息息相关。

3. 云纹瓦

当我们仰望天空，湛蓝的天幕上漂浮着朵朵白云，时而像动物，时而像植物，悠闲地飘来飘去。古人们也看天，他们把虚无缥缈的云用流动飘逸、回转交错的曲线来表现。我们看到的这枚瓦当就是云纹瓦，上面的图纹像两个如意尾尾相连，组成一朵云，而四朵云组成了一枚瓦当的完整图像。或许你会说，怎么看怎么像是面食花卷的横截面哪！确实如此。云纹是一种古老吉祥的图案，在漫长的历史发展中，又衍生出许多不同的形态，如云雷纹、云头纹等，有着高升和如意的意思。除了瓦当，在其他如漆器、玉器和衣饰中都能看到它们的身影。《论衡·乱龙》称："神灵之气，云雨之类。"古人认为，"云"与"气"实为一体，"云"又能生"雨"，决定着农作物的生长和收成。所以在古代农业社会，人们对"云"有一种特殊的情感。

千变万化的云，也让文人产生了无限遐想。晋代的陶渊明写到"翼翼归鸟，晨去于林；远之八表，近憩云岑"（《归鸟》）；"灵凤抚云舞，神鸾调玉音"（《读〈山海经〉（其七）》）。他用云来比拟志向，以云展示奇妙瑰丽的世界。到了南朝，陶弘景在山中修道时遇到皇帝来招隐，他写下"山中何所有？岭上多白云。只可自怡悦，不堪持寄君"，以飘飘无所依的白云为辞委婉地谢绝了皇帝的出仕之邀。唐代，僧皎然的"逸民对云效高致，禅子逢云增道意"，将云比作修身的楷模，使节行超逸、避世隐居的人纷纷效仿其高致。而在李白的"静坐观众妙，浩然媚幽独。白云南山来，就我檐下宿"中，白云就像是诗人的故交，时来借宿，悠悠自得。

云的特殊形态让人产生飘飘欲仙的感觉，又让人幻想能腾云驾雾驾驭自然。住在一个被云环绕的房子里，是不是有在"仙宫"的感觉？云纹瓦当也就应运而生了。秦汉两代都有云纹瓦。一般认为秦云纹瓦较小而简，这枚瓦较大而兼花饰，当属汉代之遗物。

画像瓦当

4. 青龙瓦

受一些武侠、盗墓等小说的影响，一提起四方，人们脑海中就不由自主地想起"左青龙，右白虎，前朱雀，后玄武"。其实这出自《礼记·典礼》："行，前朱鸟而后玄武，左青龙而右白虎。"这指古时行军打仗要执有四神的旗帜。四神是指四方的守护神，青龙代表东方，春季；白虎代表西方，秋季；朱雀代表南方，夏季；玄武代表北方，冬季。四神盛行于新莽和东汉时期，与其前（战国时期）的四灵是不同的，这里就不深入分析了。

四神是古人们膜拜的对象，做成瓦当以镇宅辟邪也就再正常不过了。四神兽纹瓦在汉代极为流行，尤其在新莽时期，印模做得极其精致，大气磅礴，同时期的铜镜、钱币和瓦当图案也相当精美，制作非常精良。

我们看到的此枚青龙瓦当外缘宽厚，中心有一乳钉状圆钮，青龙眼睛圆睁，张口，双翼飘动，龙尾翘起，腿爪奋力蹬踏。整个瓦当构图匀称均衡，设计巧妙新颖。青龙为什么会在东方呢？因为东方七宿——角、亢、氐、房、心、尾、箕排列的形状极似龙形。角是龙的角，亢是颈项，氐是颈根，房是胁，心是心脏，尾是尾首，箕是尾末。又因为龙可以行云布雨，对于古代农业社会来说，风调雨顺是何等重要，所以自古以来对龙的崇拜就没有停止过。有的君主直接将"青龙"来做自己的年号，如三国的魏明帝就是一例，"青龙"共历五年（233—237）。

龙的形象既神秘又威严，逐渐成为华夏族的统一图腾。龙是神物，又至高无上，历代君王又将其作为皇帝和皇权的象征，普通老百姓绝不能染指龙纹，所以后世出现龙纹瓦当的地方一般都是皇家宫殿或皇家陵寝。

5. 白虎瓦

虎，为百兽之长，传统又认为"虎"是一种属阳的神兽，如东汉应劭的《风俗通义·祀典》："画虎于门，鬼不敢入。"古人还认为白虎是一种祥瑞。白虎作为天上的星宿，是西方七宿（奎、娄、胃、昴、毕、觜、参）的总称。白虎，并不是真指白色的老虎，而因为西方属金，颜色为白。白虎又是战神、杀伐之神，历史上有好几位猛将被传为是白虎星下世，如唐代的罗成、薛仁贵等。

此枚瓦当上的白虎依圆瓦而呈弧形，气势霸悍，动感强烈，突显了老虎的威严，设计匀称，富有美感。

6. 朱雀瓦

当站在朱雀瓦前，很多人会破口而出"凤凰"。这着实有些委屈了朱雀。上古神话中，朱雀是朱雀，凤凰是凤凰，两者有差异，而朱雀究竟是什么样的也有诸多说法。先秦时朱雀被认为是可以引领逝者上天的使者。贾谊《惜誓》中有名句"飞朱鸟使先驱兮，驾太一之象舆"。朱雀作为星宿，是南方七宿（井、鬼、柳、星、张、翼、轸）的总称。朱为赤色，象征火，南方属火，所以朱雀镇守南方。此枚瓦当中的朱雀昂首挺胸，双翅高展，单脚独立，尾羽旋升，神采奕奕，俨然一副傲娇贵族的模样。

7. 玄武瓦

　　玄武和其他三神一样，也是天上的星宿，是北方七宿（斗、牛、女、虚、危、室、壁）的总称，其塑像是龟或龟蛇合体。当青龙和白虎去做了山庙的门神，朱雀成了九天玄女，他却被后世道士们升级做了北方的大帝——真武大帝。尤其宋代崇道教，所以玄武身价倍增，逐渐被人格化，坐实了"真武大帝"的身份。武当山即是真武大帝道场，据说也是其飞升之处。武当山从空中看，就是龟蛇相缠的形象。此枚瓦当，龟蛇相绕。龟沉稳凝重，蛇鲜活灵动，一静一动，一虚一实，宁静中寓有动感。

8. 四鹿纹瓦

你知道"美丽"的"丽"繁体怎么写吗？对喽！是上面一个"丽"字，下面一个"鹿"字。麗，鹿形丽声，本意是指双鹿结伴而行。"丽"字的"美丽"之义由此引申而来，可见古人们一直认为鹿是一种美丽的动物。鹿，形体奇特，四肢修长，身上有漂亮的花纹斑点，雄鹿头上又有高高的犄角。正是因为鹿的高颜值，从古至今人们就喜欢刻画鹿的形象。我们所熟悉的龙和麒麟身上，都可以找到鹿的影子。

鹿不仅颜值高，也是健康长寿的代表。晋代葛洪的

《抱朴子》中记载："鹿寿千年，满五百岁则色白。"而《太平广记》中也有一个关于鹿长寿的故事。唐玄宗曾于京郊狩获一只大鹿，回到宫廷后命御厨烤鹿肉来吃，并将肉赐予张果老，张果老称此鹿寿近千年，曾在汉武帝时被活捉过，后被放生，可以左角上系的铜牌为证。唐玄宗命人查验，果然发现一铜牌，核对年份后一算，此鹿竟已活了852年！

人们总是希望禄运亨通，升官发财，而"鹿"又与"禄"谐音，所以大家把这种美好的心愿寄托在鹿的身上，在家中悬挂鹿的画像，希望带来好运。因而，蝙蝠、鹿和寿桃就名正言顺地成为"福禄寿"三组合。

在古代，龙是帝位和权力的象征外，而鹿也曾经扮演过这一角色。《史记·淮阴侯列传》中有一句话："秦失其鹿，天下共逐之。"张晏注："鹿喻帝位。"这是因为鹿是捕猎者经常追逐的对象，当群雄并起、争夺天下时，就让人联想到逐鹿捕猎的场景，鹿和帝位、权力便由此挂上了钩。"逐鹿中原"这个成语也就来源于此！

此枚瓦当，四鹿环绕组成一个圆形图案，而在图案中，大家会发现鹿的身体被缩小，鹿角却十分夸张地被放大。这可能是因为通过强有力的鹿角，更能体现皇权的威严，使其更具有凛凛不可犯的气势，比起写实的造型，如此更有一种威武逼人的霸气。

砖瓦的故事

9. 母子鹿纹瓦

面对这枚瓦当,大家一眼就能看出,它的图案是妈妈带着小孩儿。子鹿反向立于母鹿身边,似乎在用嘴巴蹭着妈妈的脖颈。母鹿高昂头部,双耳竖立,像是处在警备状态,保护着身下的小鹿。

古人以鹿为阴,视鹿为繁育后代的象征。《山海经·南山经》中载有名叫"鹿蜀"的马形虎纹、白头赤尾、鸣声如歌谣的怪兽,人只要佩戴它的皮毛,就有利于繁衍子孙。将母鹿的形象刻画在器物上,是古人的一种生殖崇拜,是对母性的敬仰。在青海湟源大华中庄出土的一件卡约文化的铜杖首中也出现有母子鹿的造型。杖首上的母子鹿即是先民由鹿为"阴"性发展出来的生殖圣物，人类通过膜拜"母鹿大神"来祈祷子孙繁衍，瓦当中刻画母子鹿的形象也蕴含此意。从传统中医论，鹿又是阳兽。鹿茸、鹿鞭、鹿血等都有补肾壮阳的良效。

有人会问，这只鹿有大角啊，不应该是雄鹿吗？其实，在鹿科动物中，我们所熟知的驯鹿，是不分公母都长角的。我们可以推测瓦当中所刻画的正是驯鹿。

10. 母子雉纹瓦

说到"野鸡",大家对它有怎样的印象?其实,这枚瓦当上所呈现的"雉"就是俗称的"野鸡"。《史记·封禅书》中有"野鸡夜雊",裴骃《史记集解》引如淳言曰:"野鸡,雉也。"

雉是一种非常漂亮的鸟类,雄雉的羽毛色彩艳丽,尾羽修长挺拔,京剧中所用的"翎子"就是雉的尾羽,长的可达一百三四十厘米。雌雉色彩暗淡,尾羽较短。雉善走而不善飞,只能在短距离内扑腾几下。此瓦当中,雉羽毛舒展,仪态端庄,雄赳赳气昂昂,四周分散着四只雏鸡,似在玩耍,尽享天伦之乐。

画像瓦当

11. 豹纹瓦

在茫茫大草原上，掠过一道身影，是那么矫健，那么迅捷，如同一道闪电，倏忽而过。不错，那就是豹！作为世界上奔跑速度最快的动物之一，豹体形优美，动作灵活，既会游泳，又会爬树。且性情机敏，有超常的嗅觉、听觉和视觉，加上智力上乘，隐蔽性强，豹成了动物界善于捕猎的佼佼者。

豹作为力量、坚强、个性和毅力的象征，从古至今都受到人们的喜爱。《易经·革》："君子豹变，小人革面。""君子豹变"意为豹子的皮毛越变越斑斓，君子也

47

有这样的变化，后来喻指事业发达，地位改变。我们看到的这枚豹纹瓦当，可能用在武卫之所，是戍卫部队营房建筑上的专用瓦当。

豹纹在许多文化中都扮演着重要角色。在非洲，豹子被视为猎人和战士；美洲豹对于阿兹特克人来说是武士的象征；而米斯特克人、萨波特克人和玛雅人则把豹作为政权传承的载体。而对于古代中国人来说，豹纹是爵禄、荣誉的象征。如宋代有"豹尾旗""豹尾车"。豹纹也出现在清代三品武官的补子上。在民间，也有用"豹脚纹""豹头枕"来驱魔辟邪的。另外，豹与喜鹊组成的图案称为"报喜图"，"豹"与"报"谐音，喜鹊寓喜，寓有大喜来临之意。

豹纹不仅在古代深受人们青睐，至今仍是服饰中的流行元素。

画像瓦当

12. 蟾蜍玉兔瓦

对于地球人来说，天上最重要的两大球体莫过于太阳和月亮了。白天有太阳的灼灼光辉，到了晚上，一轮明月洒下清辉，惹人遐思。屈原在《天问》中发出千古之问："夜光何德，死则又育？厥利维何，而顾菟在腹？""顾菟"一般认为是指兔子，而根据闻一多先生的考证，"顾菟"为蟾蜍，也就是癞蛤蟆。

我们看到的这枚瓦当出土于咸阳西汉甘泉宫遗址，蟾蜍和玉兔上下并列，从构图上来说并不算新奇，但从中我们得到一个信息，在当时人们就认为月宫中存在两

49

个生物——兔子和蟾蜍。

根据《天问》，至迟到战国已经有月中存在蟾蜍或兔的观念。长沙马王堆汉墓的"T"形帛画中就描绘了月中蟾蜍。汉代画像石中所见的月亮，里面往往也有蟾蜍，当然有时还有兔子相伴，蟾蜍似乎更有资格充当月亮的形象代言人，蟾、兔同框则相对少见。但耐人寻味的是，在古代印度、美洲乃至非洲，都流传着月中有兔的神话。主持洪都拉斯科潘遗址发掘的李新伟先生讨论过玛雅文明中的月兔。季羡林先生则讨论过古印度的月兔，他认为中国的月兔传说来自印度文化。

为什么古人认为月亮中有蟾蜍和兔子呢？汉人刘向说："月，阴也；蟾蜍，阳也，而与兔并，明阴系于阳也。"其实，古人想象月中有蟾蜍和兔子基本与西方星座的命名一样，是"看图说话"。月亮上有两块较大的阴影（实际上是月球地形的反映），左边的面积较大，酷似张开前肢的蟾蜍；右边的部分则像奔跑的兔子。古人脑洞大开，于是将蟾蜍和兔子搬到了月亮上，为夜空增添了几分生趣。

画像瓦当

13. 双龙纹瓦

此瓦当为双龙纹，两龙反向上下并列，中有界格。临淄齐故城出土。此瓦中的龙脑袋小，嘴巴长，身子臃肿扭曲，又拖出一根细长的鼠尾，实在不能算美。但古人做瓦当时，并不一定是为了好看，再者，谁也没真的见过龙，龙到底长什么样子呢？

龙是中国古人将鱼、鳄、蛇、猪、马、鹿等动物，和云、雷电、虹霓等自然天象模糊集合而产生的一种神物，现在我们多认为龙是以蛇为主体的图腾综合物。它有蛇的身、猪的头、鹿的角、牛的耳、羊的须、鱼的鳞、虎的掌、鹰的爪。

　　双龙并呈，亦分阴阳，体硕者阳，体曲者阴。也就是说，龙也是分雌雄的。我们常常见到的双龙戏珠，可能正是雌雄之龙在守护自己的龙蛋，或上或下，或守于旁，或依偎在侧，形影不离，爱护有加，真是"可怜天下父母心"啊！而《述异记》载，龙珠是龙所吐的。清代屈大均也曾在《广东新语》中说："合浦人向有得一龙珠者，不知其为宝也，以之易粟。其人纳之口中，误吞之，腹遂胀满，不能食。数数入水。未几，遍体龙鳞，遂化为龙。"看来，龙珠就是龙的精华，或许就是龙的"内丹"。

画像瓦当

14. 菩萨莲座瓦

瓦当作为一种传统建筑构件，常见的纹样以文字、瑞兽和花鸟为主，很少出现人物，而佛像出现在瓦当上的情况就少之更少。此枚菩萨莲座瓦出土于温州松台山净光塔遗址，十分罕见，非常珍贵。

莲花是佛教文化中最重要的艺术性纹饰之一。莲花是吉祥八宝之一，当年释迦牟尼诞生时，向前行七步，步步生莲。太子一手指天、一手指地，发出震动宇宙的豪迈誓言，"天上天下唯我独尊"。

莲花又出淤泥而不染，佛教中以莲花来象征高洁，象征在浊世中亦可修得正果。所以，诸佛菩萨之座称为莲座或莲台。莲花在佛教中，已经成为佛国、净土、生命、光明的象征，受到社会的广泛信仰和崇敬。寺庙等宗教场所，建筑物上使用有莲花纹的瓦当，起到了营造佛国净土庄严气氛的作用。

第三章
条形纪年砖

条形砖是指狭长的矩形砖,是古砖数量最多的一种,而纪年砖犹具代表性。我们可以通过一枚枚古砖,一个个年号,钩沉历史,探寻过去发生的故事。

砖瓦的故事

1. 永元元年砖

我们看到的这枚古砖是东汉和帝永元元年（89）的"刑徒砖"。上面的文字给人的第一印象是线条纤细，刻画草草。所有文字分为两行，字与字之间的距离很小，非常紧凑，而行距较大，比较开阔。笔画开张，尤其是横、撇、捺都向两边伸展，给人一种横向的气势，为汉代隶书。

"刑徒砖"用于记录死亡犯人的名籍、生卒年月等内容，与死者尸骨共埋，相当于微型而简易的墓志铭。刑徒砖因用于犯人，制作相当随意草率，大多数为狱卒直接以刀刻划而成（少数先朱书而后刻），故多具天真、质朴、凌厉、奔放之韵味。

此砖铭文为"永元元年十一月八日豫章宜春完城旦梁东"。"城旦"，是一种刑罚的名称，即筑城的苦役，一般以四年为一期。役既重，生活条件又差，故多横死者。

条形纪年砖

砖瓦的故事

2. 永元五年砖

光武帝、明帝和章帝是东汉十二位皇帝中公认的明君。而自安帝以后的东汉皇帝大部分被划为昏庸之辈。但"永元"年号的拥有者——汉和帝却是众说纷纭，褒贬不一。

汉和帝刘肇是章帝第四个儿子。他的生母是梁贵人，褒亲愍侯梁竦之女，被窦皇后诬陷，抑郁而死。刘肇便由窦皇后抚养。在窦皇后的努力下，太子刘庆被废，刘肇被立为太子。章和二年（88），33岁的汉章帝刘炟突然病逝，10岁的太子刘肇继位，改元永元。刘肇虽然做了皇帝，但所有的朝政都由窦氏一族把持。少年和帝在这种环境中蛰伏了4年，做了4年傀儡皇帝。到了永元四年（92），14岁的刘肇在和哥哥刘庆商议后，联合心腹太监郑众、司徒兼卫尉官丁鸿，将窦宪引入京城控制。一夜之间，窦氏党羽全部被擒。窦宪的弟弟窦笃、窦景、窦环等全部被缴收印信，赶出京城，后被逼死于封地。而参与窦宪谋反的邓迭兄弟和郭璜父子则被斩首，如此一举扫平了外戚窦氏的势力。窦太后见大势已去，不得不将权力还给刘肇。整个过程中，刘肇表现得沉着冷静，有勇有谋，显示了其超出年龄的成熟和胆略，也成为中国历史上从权臣手中成功夺权的皇帝之一。

刘肇当政期间，十分体恤民众疾苦，多次诏令理冤狱，恤鳏寡，矜孤弱，薄赋敛，还告诫上下官吏认真思考造成天灾人祸的自身原因，这些在古代君王身上实为难得。而诟病刘肇的人认为，是从他起，东汉开始了宦官专权。对于当时的刘肇来说，自己被窦氏一族包围，唯有利用身边的宦官才能摆脱窦氏。

此砖制成于刘肇成功夺权的第二年，其字体圆润，美术字倾向明显。

砖瓦的故事

3. 永初四年砖

在砖侧标明时间、地点和做砖人的姓名，是当时工作责任制的很好体现。此砖文字如下："永初四年八月安意里徐树作大壁（甓）岁在申……"以纤细之汉隶写刻模具。

但永初四年（110）对于凉州老百姓来说却不是一个好时候。这一年的东汉朝堂上，正在举行着一场激烈的辩论——关于是否要放弃凉州。凉州，位于河西走廊，地跨今天的青、宁、甘一带，是丝绸之路的要冲，"通一线于广漠，控五郡之咽喉"，是颇具战略价值的要地。

公元前121年，在霍去病的带领下，汉军横扫河西走廊一带的匈奴，将凉州纳入了汉代的版图，凉州很快得到了发展，但仍时常受到北方少数民族的侵扰，尤其在东汉时期更发展成为严重的边患，最后在"凉州三明"，即张奂（然明）、皇甫规（威明）以及段颎（纪明）三位名将的努力下，凉州之乱终于平息。

条形纪年砖

永初四年六月安音里徐相作大吉教生申

砖瓦的故事

4. 永寿三年砖

此砖铭文:"永寿三年作。"铭文字体趋扁,结体宽博,线条细劲,很有褒斜道刻石的味道。细察全砖结构,在斜笔之呼应与虚处的布白上十分用心。对今日的书法家与篆刻家说来,很有参考价值。

永寿是东汉桓帝刘志的年号,永寿三年即公元157年。东汉中晚期的政权就像一个大皮球,一直在三股势力间传递。皇帝厉害点,权力就被皇帝掌控;皇帝若无能或未成年,权力就落入外戚手中;如果皇帝和外戚都不行,那就轮到宦官出来玩一把。刘志即位后,早期由梁太后临朝听政，外戚梁冀掌握大权。梁冀是刘志的大舅子，从未把刘志放在眼里。在朝中以残酷的手段打击政敌，清除异己，使整个朝廷几乎都是梁冀的人。梁太后死前让刘志和梁冀"好自为之"，但对于权倾朝野的梁氏来说，怎么可能会给刘志留下理政的空间。摆在刘志面前的无非是两条路：要么和梁冀合作，当其傀儡；要么扳倒梁冀，夺回政权。汉桓帝选择了后者，但找谁帮忙呢？与和帝刘肇一样，他环顾四周，只有"身边之人"——宦官。延熹二年（159），宦官单超等诛杀大将军梁冀，并剪除其党羽，从梁氏手中夺走政权。

可惜的是，前门拒虎，后门进狼。刘志虽然赶走了梁氏一族，政权却又旁落宦官之手，甚至在延熹九年（166），发生了史上第一次党锢之祸。

砖瓦的故事

5. 黄龙元年砖

将"黄龙"作为年号的人共有三个：第一个是西汉宣帝刘询；第二为三国时期吴大帝孙权；第三为唐朝安史之乱时的段子璋。此砖铭文字体为早期楷书，且略带隶意，因此推断应该属于吴大帝孙权时期。

曹丕和刘备称帝之后，孙权并没有急着称帝，而只是自称吴王，向曹魏称臣。但孙权并不使用曹魏年号，魏吴两国也兵戈不断。吴蜀两国通好之后，吴国更是配合诸葛亮出兵伐魏。

黄武八年（229）四月，在朝臣一再劝谏下，孙权在武昌由吴王晋为皇帝，改元"黄龙"。《三国志·吴主传》载："黄龙元年春，公卿百司皆劝权正尊号。夏四月，夏口、武昌并言黄龙、凤凰见。丙申，南郊即皇帝位。是日大赦。改年。"

孙权称帝后，设置农官，实行屯田，设置郡县，并继续剿抚山越，促进了江南经济的发展。在此基础上，他又多次派人出海。黄龙二年（230），他派卫温到达夷州（今台湾），因此"黄龙"在中国历史上有着重要的意义。

6. 嘉禾砖

古人相信"祥瑞",认为出现祥瑞是盛世的征兆,地方官将祥瑞之象上报朝廷,皇帝每赐褒奖。嘉禾,大约是稻谷一株双穗。

《史记》曾记晋国唐叔得嘉禾,上报西周成王之事。孙权称帝后3年,出现嘉禾,因而改年号为"嘉禾",以232年为嘉禾元年。又因此祥瑞出现于由拳(今嘉兴),由拳改称为"嘉禾"。

嘉禾三年(234)五月,孙权亲率大军发起第四次合肥之战,围攻合肥新城,却大败撤退。同年八月,诸葛亮病逝于五丈原。

此砖拓两枚并列,基本一致,而有小异。二者很可能出于同一个稿子,但在制作模具的过程中稍有偏差,所以是"同稿"而不是"同范"。此砖"嘉禾"二字下应还有"七年七月造"五字,详见《千甓亭古砖图释》卷一。

条形纪年砖

砖瓦的故事

7. 五凤二年砖

"五凤"作为年号，历史上出现过两次，一次是西汉宣帝时，另一次是三国吴会稽王孙亮时。西汉时期未见有纪年砖，所以此砖应该属于三国吴孙亮时期。铭文字体介于隶书和楷书之间，字距较大，线条细劲，显得比较空灵。"五凤二年"之"年"字有别常体，为上"千"下"禾"。许多前贤写"年"字时常作"季"，世人往往误作"季"字。其实，"年"字在甲骨文中的字形便是人背负禾。北方种庄稼，一年只能种一季，因此等庄稼丰收了就代表一年的时间过去了。后"人"演变作"千"，所以"季"也就成了"年"字的别体。而此砖匠不仅以"季"为"年"，还别出心裁地颠了个倒，成了"秂"。

古人写字，时常左右上下无别，由此可见一斑。

条形纪年砖

8. 五凤三年砖

张岱《夜航船》中有载："凡像凤者有五色，多赤者凤，多青者鸾，多黄者鹓雏，多紫者鸳鸯，多白者鹄。"

建兴元年（252）吴国皇帝孙亮即位，当时才10岁。建兴二年（253）十一月，有5只大鸟出现在春申，孙亮次年便改年号为"五凤"。可惜那5只大鸟没有给孙亮带来好运。太平二年（257）孙亮亲政，但仅过了一年，被权臣孙綝废为会稽王。又过了两年，孙亮再被贬为侯官侯，在前往封地途中自杀身亡，终年18岁。

此铭文中"凤"字为反文，"年"字为倒文，颇为奇怪。

条形纪年砖

9. 大吴五凤三年砖

古代的皇帝都想表明自己是上天在人间的正统代表。东吴君主孙皓为制造"天命永归大吴"的舆论，伪称天降神谶（神启），于天玺元年（276）立碑纪功。

《天发神谶碑》以隶书笔法写篆，起笔处极其方楞，有如切铁；转折处外方内圆，有如折铁；下垂处中锋收笔成悬针状，有如削铁。棱角分明的字形显示了威严厚重的力量，传其为书法家皇象所书。这枚五凤三年（256）砖有与《天发神谶碑》极其类似的结体和笔法。二者书写的时间相距20年，且之后再没有一块碑石上出现过此种书体，本砖究竟是否为皇象所书，值得深思。

砖瓦的故事

10. 惟太康二年砖

此砖铭文为篆书，线条粗壮，用笔松动。第二个字显然是"大"字，为什么释作"太"呢？历史上也有"大康"年号，为辽道宗时所用。但此砖出在江南，和北方辽绝无关系，所以不可能是"大康"。另外，汉晋时"大"和"太"字常通用，所以在这里应该是"太康"而非"大康"。"太康"是西晋武帝司马炎的年号。

咸熙二年十二月（266）司马炎逼迫魏元帝曹奂禅让，即皇帝位，定国号晋，改元泰始。咸宁五年（279），司马炎派军伐吴，东吴亡，至此三国鼎立的局面结束，改元太康。所以太康元年（280）是中国结束汉末以来近百年的分裂状态，又一次恢复大一统的开始。

条形纪年砖

11. 太康九年八月砖

此砖铭文为隶书，线条细劲，章法空灵，颇似印章之布白分朱。"太康"二字共用一点；"康"字左撇由边框借用；"九"字伸左缩右，突出长撇；"年"字穿插于"九"字下靠右，左边布白；"八月"二字并列，"月"字拉长，抵"年"左空白，"八"字上缩，下边布白与"年"字左边空白相呼应。所以，匠人在设计铭文时还是用了心思的，并非随手乱画。

"太康"年号一共用了10年，在此期间，政治上基本承袭曹魏，也略有革新。司马炎劝课农桑，并鉴于曹魏末期为政严苛，生活豪奢，乃"矫以仁俭"。太康年间出现一片繁荣景象，史称"太康之治"。

但有一定成绩后，司马炎便不思进取，沉溺于酒色，他此后被称为史上"最荒淫的皇帝"之一，后宫佳丽达万人以上。甚至为充实后宫，他还下令禁止嫁娶——意思是"等我挑完了再说"。后宫嫔妃太多，以至于他每天去哪里睡觉成了件头疼的事儿。晋武帝为了不费脑子，把这个重要的"权力"交给了羊。他每晚驾羊车出行，羊止何处便幸何处，这就是"羊车望幸"的由来！

晚上睡在哪里毕竟是皇帝的私事儿，但找继承人却是关系千秋万代的大事。可晋武帝也是聪明一世、糊涂一时，选了脑子不大灵光的司马衷做了接班人。另外，司马炎在位期间，大封同姓诸王，以郡为国，置军士，希望他们互相维系，拱卫中央，结果导致诸侯壮大，纷纷觊觎皇权，最后酿成"八王之乱"。他晚年逃避矛盾，沉溺于酒色中得过且过，为后世"埋雷"无数。

12. 永宁元年砖

此砖出于浙江，所以此铭文上的"永宁"应该是西晋惠帝司马衷的年号，而非汉安帝刘祜的年号。铭文作隶书，朴拙可爱，线条细劲又不失圆润，布局空灵，气息高古。

司马衷是司马炎的嫡次子，是历史上的"奇葩皇帝"之一，这因为他不善朝政，先为皇后贾南风控制，导致"贾后专权"；后又为多方诸侯控制，几度废立，成了"八王之乱"的主要原因；最后于48岁那年突然去世，谣传是被东海王司马越毒杀。

砖瓦的故事

13. 元康八年砖

历史上"元康"年号出现过两次，一次是西汉宣帝刘询时，但只用了5年；一次是西晋惠帝司马衷时，一共9年。所以，"元康八年砖"自然是司马衷时期的。其上铭文也清楚记载："晋元康八年岁在戊午七月十四日甲申刘氏冢工柯丑作。"此砖铭文中除了年月日外，还明确标出了主家刘氏，工匠柯丑。可见古人对于做砖还是很在意的，责任明确，责任到人。

"元康"是晋惠帝的第三个年号。晋惠帝司马衷被认为是"白痴皇帝"，归功于他那可以被编入《笑林广记》的两则故事。一则便是他"蛤蟆皇帝"诨号的来因：有一年夏天，司马衷与随从到华林园去玩。他们走到一个池塘边，听见里面传出蛤蟆的叫声，司马衷觉得很奇怪，于是便问随从这些呱呱乱叫的东西，是官家的还是私家的。随从无奈，不知怎么答，灵机一动说："在官家地里叫的，就是官家的；在私家地里叫的，就是私人的。"

另一则是"何不食肉糜"。有一年闹灾荒,老百姓没饭吃,到处都有饿死的人。有人把情况报告给司马衷,但司马衷却说:"没有饭吃,他们为什么不吃肉粥呢?"

砖瓦的故事

15. 建元二年砖

此砖铭文隶书反文,为"建元二年八月九日",下面可能还有其他内容,砖残不得而知。"反文"现象在古砖里较常见。"反文"的产生,是因为匠人在制作砖模时,没有将文字反写,所以砖脱模后,在砖上留下了反写的字迹。这种情况的产生可能是匠人失误,也可能是他们嫌麻烦。

"建元"是东晋康帝司马岳的年号,总共使用两年。晋康帝是继其兄晋成帝司马衍的皇位,可惜他命也不长,在位三年便去世,享年23岁。晋康帝在历史上的使命似乎就是继承哥哥的皇权再传给了自己的儿子。

16. 永和九年砖

"永和"是东晋穆帝司马聃的第一个年号,一共使用了12年,在两晋年号中算是用得比较久的,可以排第三。晋康帝去世时22岁,由司马聃接班,即晋穆帝,时年两岁,所以还是由太后听政——这似乎成了晋朝摆不脱的宿命。升平元年(357)晋穆帝亲政,可惜只过了4年,晋穆帝便驾崩,享年19岁,成了两晋最短命的皇帝。

"永和"作为年号为人熟知,很大程度是王羲之的功劳。晋永和九年(353)三月初三,时值上巳节,正是古人在水边"修禊"以祓除不祥的日子。这个春天，文人们聚会交流诗文，曲水流觞便是其中不可缺少的项目。大家坐于溪水旁，酒盏随溪水而下，漂至何人前何人便举杯饮尽，再赋诗一首。

当天，时任会稽内史的王羲之与友人谢安、孙绰等41人在会稽山阴的兰亭行修禊之事，曲水流觞，饮酒赋诗。王羲之将这些诗文结集，并作序一篇，记述此事，这就是《兰亭集序》。

在春天这么美好的日子里，大家纵情诗酒、逍遥自在，他所想到的，除了眼前的盛事外，还有人生的短暂、生死的无常。由王羲之挥毫书就的《兰亭集序》，成了"天下第一行书"，据说真迹被唐太宗带进了昭陵。

条形纪年砖

17. 元嘉十七年砖

此砖铭文作隶书，字形极简约。"元"字缩上放下，下部开张。"嘉"字最简，除省略中间两点一横外，两个"口"部皆以短横代替，奇甚！"十"字插于"嘉"字下，与"七"字一同靠右，使左边大片留白。"年"字居中而缩，两边留白。此铭文五字章法奇特，留白和穿插使空处空，密处密，有较强的节奏感。

说到"元嘉"，很多人会想起辛稼轩的《永遇乐·京口北固亭怀古》，"元嘉草草，封狼居胥，赢得仓皇北顾"。辛稼轩为什么会说"元嘉草草"呢？"元嘉"是南朝宋文帝刘义隆的年号（东汉恒帝刘志也有"元嘉"年号，但只4年，故此砖应为南朝宋文帝时期）。元嘉年间，他一共发动了三次北伐，但由于在战略、指挥和用人三方面存在严重失误，均以失败告终。

虽然在军事上刘义隆没有什么业绩，但他在位期间，清理户籍，减免赋税，劝学兴农，使得老百姓有了休养生息的时机，社会生产得到一定的发展，经济文化也日趋繁荣，是刘宋的极盛时期，史称"元嘉之治"。

然而刘义隆怎么也不会想到，自己会死在儿子的手中。元嘉三十年（453），由于巫蛊之事，刘义隆和太子刘劭发生争执。刘劭为保其位，一不做二不休，竟将父亲刘义隆弑杀于宫中。同年三月，武陵王刘骏起兵讨伐刘劭，并于五月攻下都城，诛杀刘劭，即皇帝位，为刘义隆上庙号"太祖"，谥号"文皇帝"。

历史就像是一部电视剧，跌宕起伏，精彩纷呈！

18. 天安元年砖

"天安"是北魏献文帝拓跋弘的第一个年号,一共使用两年。此砖铭文作隶书,结体率真,用笔随意,虽显稚拙,不失灵动,颇有趣味。

拓跋弘3岁被册立为太子,生母李贵人按"子贵母死"被赐死。拓跋弘聪明睿智、机敏颖悟,从小就有济世的志向。他12岁登基,由冯太后摄政。后不满冯太后长期把持朝政,常常有出世的想法,欲禅位于叔父京兆王拓跋子推,被群臣劝阻。

18岁时,他终于将皇位禅于太子拓跋宏(时年5岁),

成了历史上最年轻的"太上皇"。群臣为其上"太上皇帝"尊号,意思是有别于"太上皇"的虚名,还是要干事的!拓跋弘也不负众望,以太上皇的身份,御驾亲征柔然,将其赶至大漠深处,拓宽了北魏疆域,同时调和西域诸部,成了当时西域真正的主人。他还关心农业生产,对贪官暴吏严惩不贷。可惜拓跋弘英年早逝,23岁时突然驾崩。

有人说冯太后与拓跋弘的暴毙有脱不了的干系,但只是传言罢了。

条形纪年砖

19. 太平兴国七年砖

此砖如同汉"刑徒砖",铭文为随手刻划于砖面。字体潦草,大小不一,亦没有界格,相当随性。此砖为笔者所购。笔者早年在曲阜孔林游玩,见一花生摊上有一砖块用来压物,上面模糊有文字样,于是就向摆摊的老者索购。老人不收钱,但要求买他摊上十包花生,笔者欣然应允。回到旅馆洗净,原来是太平兴国七年(982)砖。惜残,铭文不可卒读。

太平兴国和太平天国没有半点关系。"太平兴国"既非国也非朝代,而是宋太宗赵光义的年号,表示要成就一番新的事业。赵光义继承了太祖赵匡胤的皇位，这个班子的交替也给历史留下了一个悬案——"烛影斧声"。当年宋太祖去世时赵光义就在身边，半夜只见烛影摇动，柱斧声响，第二天一早就报太祖驾崩，赵光义于灵前继皇帝位。太祖离奇的死亡成了后世不解之谜。宋太宗当年就改年号为"太平兴国"。

赵光义的接班是"兄终弟及"的典型案例，但其合法性有多少，不得而知。也有说赵光义以弟弟的身份继承兄长的帝位，是母亲杜太后的意见。说是杜太后病危时，曾对赵匡胤说："如果后周是一个年长的皇帝继位，你怎么可能有今天呢？你和光义都是我儿子，你将来把帝位传与他，国有长君，才是社稷之福啊！"赵匡胤表示同意，于是叫宰相赵普当面写成誓词，封存于金匮里，这就是所谓的"金匮之盟"，也就是赵光义"兄终弟及"的合法根据。但是"金匮之盟"在初版的《太祖实录》却未见记载，在第二次编修的新录中才被提及，因而是否确有其事，仍疑点重重。

20. 道光二十年砖

此砖铭文并行两排，字体在篆隶间，一面内容为"道光二十年岁庚子重修南屏净慈寺造砖"，另一面为"□□□者□命王泰赵之琛章黼监造"。赵之琛为"西泠八家"之一，推测此砖即由赵氏写后刻范制成。

从明代朱元璋开始基本就实行一帝一号（明英宗除外，其有"正统"和"天顺"两个年号），不再频繁更改年号。所以自明代开始大家都习惯用年号来称呼皇帝。道光皇帝是清代第八位皇帝，是清代唯一一位嫡长子继位的皇帝。道光皇帝39岁继位，整顿吏治，整厘盐政，严禁鸦片，力行节俭，勤于政务。但他固守成规，不思革新，谨慎有余，魄力不足，成了清王朝在风雨飘摇中一步一步走向灭亡的直接原因。可大厦将倾，独木难支，积重难返的清朝在内忧外患的夹击下，即便道光皇帝再有雄心壮志，也是无济于事了。

此砖是为重建净慈寺专门烧造。净慈寺坐落在杭州南屏山慧日峰下，是公元954年五代吴越国钱弘俶为高僧永明禅师而建，原名永明禅院，南宋时改称净慈寺。"南屏晚钟"为西湖十景之一。

第四章

条形吉语砖

自古以来，人们都对美好事物充满向往，都存在趋利避害的心理。在吉语条形砖上，我们可以看到古人朴实的美好愿望。同时，在这些古砖上，我们可以再一次领略古人对文字的变形能力，增笔、减笔，左变右、右变左，甚至上下颠倒，极尽变化之能事。为古人的设计能力点赞！

砖瓦的故事

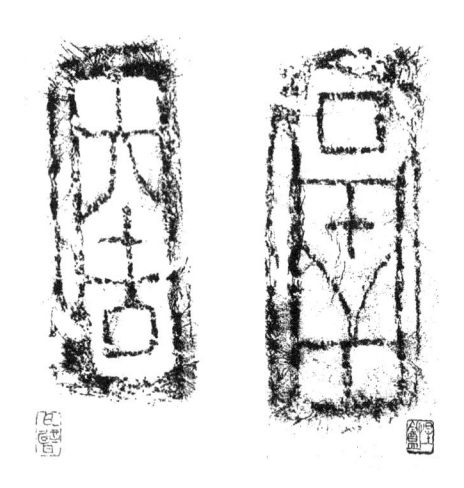

1. 大吉砖

此砖两头分别作铭文"大吉"二字。一边"吉"字中间一竖贯通到口部，另一边如常。

大吉，乃是非常吉祥的意思。《易·家人》："富家大吉。"《荀子·议兵》："虑必先事而申之以敬，慎终如始，终始如一，夫是之谓大吉。"《后汉书·皇甫嵩传》："岁在甲子，天下大吉。"

2. 大吉砖

中国的第一部字典《说文解字》："吉，善也，从士口。"以前，人们写吉或不规范，其上的"士"字或误作"土"。而《新华字典》以"幸福的、吉利的"解释"吉"，如果论其同义词，则为善、美、祥、良。

此砖铭文大吉二字上下重叠，中间有一界格。"大"字有别于常体，写法有如"六"字。两个"吉"字，上者作"士"。工匠之作，不大讲究。

前后二大吉砖拓均为西泠前辈童大年旧物。童大年（1873—1955），崇明（今属上海）人。其父松君育有五子，都是金石书画家，而以童大年最为出名。

砖瓦的故事

3. 长乐除凶利王大吉砖

自古以来，人们都存在趋利避害的心理。这枚古砖的铭文就能很好地反映这一点。长乐自然是要心情舒畅生活美好。而除凶是什么呢？凶是吉的反义字。其外部（凵）如地陷形，中间（乂）表示这里可陷人。《说文解字》："凶，恶也。象地穿交陷其中也。"《尔雅》："凶，咎也。"凶的本义指不吉利，后引申为不幸的、恶的、庄稼收成不好的、厉害或过甚的。《左传·昭公二年》中有"作凶事，为凶人"，诸葛亮《出师表》中有"攘除奸凶"。所以要想过上美好的日子，不但要积极赢取好的事物，也要努力去除不好的东西。而此砖铭文中的"王"字通"旺"，兴旺、茂盛、发达的意思，并非指帝王。

94

条形吉语砖

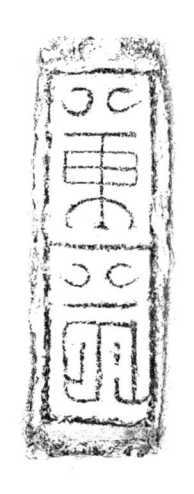

4. 万岁砖

过去人的寿命较短，民国时期，中国人的平均寿命只有三十几岁。所以自古有"人生七十古来稀"之句。如今，人的寿命大大提高，但"万岁"仍只是美好的愿望。

这枚"万岁"砖上能看出古人在字形上的创造力，可以说是2000年前的美术字。"万（萬）"字草头和"岁"字山头均被化为两撇一横，且两撇如同两道弯眉，霸气侧漏。"万"字下部化作半弧，似与上面两道弯相呼应。"岁"字的写法在古砖中千变万化，难以捉摸，不是"万岁"两个字放在一起，很难辨认出来。

5. 万岁砖

此砖"万岁"亦作美术字状。二字的上部直接简化为两个圈,有如金鱼在吐泡泡。"万"字保留中间田部,下面省略为一个云纹形弧线,两个弯钩,似与上面圈圈呼应。"岁"字的写法异想天开,随心所欲。

中国在汉代时就有呼皇帝"万岁"的情况,但并不单独使用在皇帝身上,也有称皇太子万岁的,甚至也有名字叫"万岁"的,汉和帝的弟弟就叫刘万岁。但到了宋代,"万岁"之称就不是人臣可用的了,误用的结果很有可能是"身首异处"。

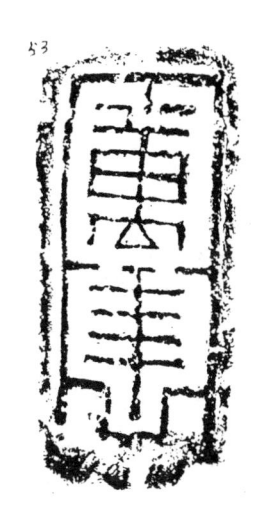

6. 万年砖

万年与万岁同义，只是与皇帝无关。在金石中，也常有"万年"之铭。此砖铭文作隶书，外有界格，字形方正，无有波磔，朴拙大气。

此砖拓收录于邹安编《广仓砖录》。邹安是近代金石学家，原名寿祺，字景叔，号适庐，浙江杭州人，主要从事金石文物的研究，著述颇丰。

砖瓦的故事

7. 万年不败出贵人砖

"富贵",人之所欲也。"万年不败",是希望永久不会衰败。这类祝愿,可能既是对家族后人而言,又是对坟墓本身而言。

那"出贵人"是指什么呢?"贵人"有多种解释,可以指古代皇帝妃子的称号,也可以指有官职的人或地位崇高的人,还可以指对自己前途事业有帮助的人。

砖上出现"贵人",是希望家族中能够出现地位显赫的子孙,光耀门楣。

条形吉语砖

8. 长寿砖

汉代吉语砖上多作"长寿""常乐""富贵""大吉"等祝颂之辞。长寿自然是大家都希望的,但到目前为止,寿命的长短很大程度上还是"听天由命"。《黄帝内经》中说,人寿可到 100 岁,《尚书》中表示可到 120 岁。2021 年,我国人均寿命是 78.2 岁。一般认为影响人寿命的因素主要有四个,分别为基因、心理、饮食和生活习惯。基因是先天决定的,其他三个因素可以自身调节。古人也知道心理健康的重要性,砖文上多见"常乐",瓦当文上则多见"长乐"和"长乐未央"。

砖瓦的故事

9. 永未央可久长砖

此砖铭文作隶书，非常细劲，很有力度。"永未央"三字端庄大气，平正稳重。"央"字作"英"，东汉砖中"央""英"互通。如浙江余姚所出的"大富贵乐未央"砖中"央"亦作"英"。此砖"可久长"三字动态十足："可"字上缩，横向发展，趋扁；"久"字舒展，弯头翘捺，犹如在跳舞；"长"字头虽大，但下部三笔错位接之，不仅没有头重脚轻之感，反而显得俏皮，非常幽默。

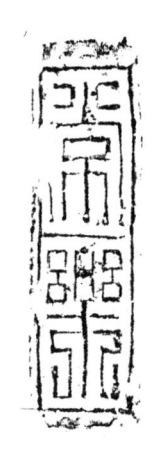

10. 常乐砖

"常乐"不是一种单一的情绪——"高兴",更应该指一种自我的满足感。古人将"常乐"二字做在砖上,应该也包括很多方面的意思,只要是能满足自我需求、达到心理期待值的都是"常乐"的因。当然人的欲望是没有止境的,故而"知足常乐"才是正道理!唯有心里"知足",才是常乐真正的因,无关物质的多寡,地位的高低。

本砖"常乐"二字,与汉印相同,都是平横正直、排叠均匀的风格。"乐"字上半较繁,故其下"木"字取上弯势以调节之。历代印人治印,亦必知此理。

砖瓦的故事

11. 承寿安乐砖

此砖铭文奇特，初看只是一排框框，似乎是从"视力表"上剪下的，极像一系列几何图形。再仔细分辨，原来还真是文字呢！那到底几个字呢？5个？6个？7个？准确地说，是4个字——"承寿安乐"。

此砖铭文为篆书，为什么说奇特呢？除刚才提到的文字难以辨认外，另外还有二奇。第一奇，"安"字作"侧文"。我们在古砖中常常见到"反文"，也就是反写的文字。偶尔也有见到"倒文"的，就是文字倒过来写的，如前文"五凤三年"之"年"字，但很少。

这种情况往往是由于工期较短，工匠匆忙，造砖时随手而书，不计正反。而像此砖铭文"安"字那样，侧过来写的，笔者仅见此一例，故而将其命名为"侧文"。第二奇，除"安"字本身外，在其余三字中也都能找到一个"安"字。"承"字下部有一倒着的"安"；"寿"字上部是一侧着的"安"；"乐"字下部是一正着的"安"。

条形吉语砖

所以在此铭文中一共布置了4个"安"字,匠人应该是有意为之,意思是"四季平安"吧!

砖瓦的故事

12. 万岁不败砖

"万岁不败"是东汉时期使用最广、最流行的祝墓用语，江浙一带所出墓砖尤其多用此铭文。古人建墓，一愿逝者能得到安息；二愿能荫庇后世，子孙繁荣；三则希望坟墓能够永久留存，不会衰败。所以，"万岁不败"四字能够充分表达人们的这些愿望，用在墓中就再合适不过了。

因为流传广，使用得多，所以"万岁不败"也成了古砖中字体变化最多者之一，从目前发现的来看就有上千种样式。随着古砖的不断发现，这个数字可能还会增加。因为没有统一的模板，制砖的工匠有识字的，也有不识字的，工匠们本着让砖能看出"万岁不败"4字的原则，极大地发挥想象力，将笔画或增加减少，或东扭西拐，或使其花头俏尾，创造出千变万化的"万岁不败"砖。其变化的形式，大多类似图案化，可以说是古代最好的美术字。

条形吉语砖

13. 万岁不败生人贵砖

　　此砖在"万岁不败"4字之后，又加上了"生人贵"3字。显然，主家已经不满足于"万岁不败"了，他们更希望能得到祖先庇护，后代能出贵人，为家族增光。笔者认为，在砖铭中出现希望出贵人之辞的，一般都是地位中下等的家庭，即使有钱，基本没有太大的政治势力或太高的社会地位，所以将出人头地的希望寄托在子孙身上。

　　此砖铭文作篆书，七字分隔于三个界框中。字体方正，大小随文字本身变化。"岁"字和"人"字的斜线，以及"不"字的曲线、"败"字的弧线，打破了整体的呆板，加入灵动的因素，使铭文"活"了起来。

条形吉语砖

14. 福德除难砖

此砖铭文作隶书，结字粗看平正，再看有很多微妙之处。"福"字右半连成一体。"德"字将左右结构变为上下结构，破除4字皆左右结构的单调，左部双人旁上缩，右部简化作"西"，下部"心"字开张，承托上部，非常奇妙。"除"字左右两部分别往两边靠，留下中间空白，破除左右结构的呆板感。"难"字最奇，直接省略右部，仅剩左部，把一个左右结构的字硬生生变成了一个独体字，再次突破4字同为左右结构的单一性。古代匠人别出心裁，此砖铭文结字甚奇。

砖瓦的故事

　　福德,是指福分和德行,两者是相辅相成的,德行能够带来福分,而有了福分,必须要有德行才能长期保有。德能生福,福能利德。中国历来讲求一个"德"字。《尚书·洪范》中就讲过五福,其中之一就是"攸好德",就是要有美好的德行。平时礼貌待人、乐于助人,遇到困难与阻力也不要抱怨,总是保持乐观、向上的精神。

　　《道德经》中有"道生之,德畜之""上德若谷",意思是要遵循道的规范,蓄养自己的德,从而使自己的行为趋向于"道"的境界。也就是说不逾越做人的规范,使自己具有像山谷一样的广阔胸襟。

　　有了福德,自然能逢凶化吉,能辟除诸难,"除难"是具有福德的表现,也是必然结果。

条形吉语砖

15. 王后公侯寿吉兮砖

此砖文作隶书，字距甚短，字形皆扁，整体章法茂密，结构严谨。清代伊秉绶所写隶书颇有此味，不知道是否取法此类砖文。

此砖文为祝祷语，祈祷"王、后、公、侯"四类人长寿吉祥。造像铭文中常常出现为皇帝公侯祝祷的发愿文。在砖文中有此类文字，想必也是如此。另外，在墓砖上制作这样的铭文，可能也是想对墓葬起到保护作用，至少认为某些人看到"王后公侯"就不敢轻举妄动。然而，盗墓贼哪管王侯将相，越是富贵的"斗"越要倒！

16. 康久平砖

此砖为隶书，作"反文"。"康"字减笔，接近上缘，"平"字下沉，接近下缘，中间腾出了宽裕的空间为"久"字提供了表演的平台。"久"字的确不负众望，一展"婀娜身姿"，跳出炫丽的舞步，打破了上下平庸的僵局。

健康我所愿，平安亦我所愿！世上没有比健康、平安更能表达普通人的希冀了。就像前人说的那样，"羡他村落无盐女，不宠无惊过一生"。"康久平"三字传达的是古人平和的心态和美好的祝愿吧。

17. 金钱日至砖

"日进斗金""财源广进""财运亨通"等吉语在商家开张时经常能听到,希望能生意兴隆,有好的收益。在砖铭上留下"金钱日至"应该也是此意。

"金钱日至"砖为隶书,反文。清代金石大家陈介祺藏有同类古砖,浙江古籍出版社所出《国家图书馆藏陈介祺藏古拓本选编·古砖卷》中就有收录。

18. 君子长生砖

"君子"一词最早出现在《易经》中。后来这一词有几种意思：一是对统治者和贵族男子的通称；二是古代指地位高的人，后来指人格高尚的人；三是对别人的尊称。君子应该是一个有良好道德品质的人，是能够做好自己的事情，又能帮助别人的人，是个善良的人；君子是有高尚情操的人，胸有大志，气象宏阔，能心怀天下，兼济苍生；君子应该有良好的人际关系，能使人如沐春风，愿意交往，但不阿谀奉承，不趋炎附势。

孔子曾言，君子有九思："视思明，听思聪，色思温，貌思恭，言思忠，事思敬，疑思问，忿思难，见得思义。"后人又总结出君子四不：不妄动，动必有道；不徒语，语必有理；不苟求，求必有义；不虚行，行必有正。所以，君子是儒家心目中做人的最高标准。

此砖铭文作"君子长生"，应该是希望善良的人能享长寿；也可能是希望世上能够多一些君子般的好人。

条形吉语砖

铭文中"长"作"苌"。"苌"为一种植物,也作姓。此处"苌"通"长"。砖侧亦有"君子"二字,"子"字作篆书,下部曲折,有如蛇尾。

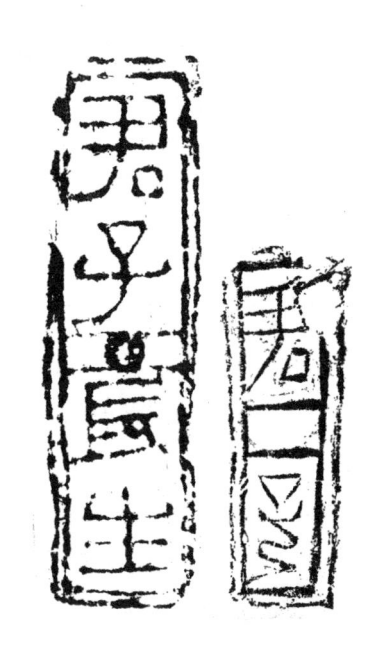

砖瓦的故事

19. 左：大吉祥宜公卿家有五马千头羊
　　右：富贵祥宜侯王并兴乐寿命长

这两枚砖的铭文都很长，分别为13字和12字，可算是条形吉语砖里的"大佬"了！

"大吉祥宜公卿家有五马千头羊"，宜公卿是指宜出公卿，希望家族中能出大官。五马千头羊，可见主人以牲畜为家中财产，马牛羊越多越富裕。墓主人在砖中打上"五马千头羊"不知道是在"炫富"，还是希望有那么多牲口。

"富贵祥宜侯王并兴乐寿命长"，此铭文祝祷之语最为全面！富贵祥宜侯王，得有钱有权有势力，还要诸事顺利，吉祥如意；并兴乐寿命长，指能够幸福常乐且寿命长久，所以此句可谓全方位祝祷之辞了。

据资料，在条形吉语砖中还有一"巨无霸"："大吉祥秩公卿宜子孙家富昌寿万年乐无穷"，砖出浙江，铭文字数达18。但此砖虽有记录，恐无实存。

条形吉语砖

从以上几品总和看来，汉、晋时民俗的祈求不外吉、祥、富、贵、福、寿、兴、乐、利、昌、安、康数元素。古人的福，首先就是财富，与富贵关系最密切。福文化有很多延伸。比如，两个字则"福寿"；三个字则"福禄寿"；四个字则有"福禄寿喜"与"福寿康宁"两种；五个字则"福禄寿喜财"。可见，福字必然居先。而如喜与乐、财与富、贵与禄、吉与祥、兴与昌、宁与安，都可以归属于福的大概念中。

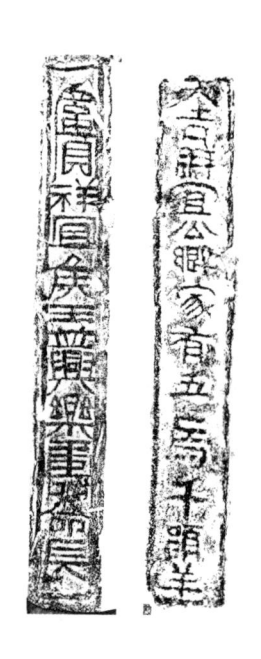

第五章
条形文字砖

条形文字砖的内容，主要涉及丧葬、城建等。古人对于死亡相当重视，"事死如事生"，除了达官贵人们的大型墓志外，平民百姓大概只能通过墓志砖来"盖棺定论"。而城墙砖和塔砖上的文字很大程度上是为了明确责任（城砖），或者标明时间地点和发愿（塔砖）。

砖瓦的故事

1. 汉"叹曰"哀辞砖

此砖铭文两行22字，字与字之间有界格，字体篆隶相杂，以篆为主。释文为："叹曰：死者魂归棺椁，无妄飞扬，行无忧。万岁之后，乃复会。"

棺椁，即棺材。里面装尸身的称为"棺"，也即"内棺"；套在"棺"外的称为"椁"，也即"外棺"。下葬时，使用棺椁的等级也是死者身份的体现。汉董仲舒《春秋繁露·服制》："生有轩冕、服位、贵禄、田宅之分，死有棺椁、绞衾、圹垄之度。"

"万岁之后，乃复会"是将来还能相见的意思。古人认为人死后去往另外一个世界，活着的人将来也要去的，所以能见于"黄泉"、会于"九幽"。

条形文字砖

2. 西晋哀辞砖（残）

此砖出于太康八年（287）济阴城武叶宗墓，作隶书16字。此砖铭文为："乌呼哀哉！处斯幽冥，潜神居土，何时复生。"由于砖石残缺，最后一"生"字残缺。"幽冥"指地府、阴间。可见古人认为人死后，经过一定的程序或许能够复生。

在古埃及的神话中，有一位法老奥西里斯，被弟弟谋害而死，尸体也被扔到不同的地方。他的妻子、儿子找到他的尸体，并做成了干尸"木乃伊"，在神的帮助下，奥里西斯成了冥王，专门审判逝者。而奥西里斯被谋害和复活的神话被此后的每位法老所效仿，并行成一套仪式。埃及法老很早就开始组织民众建造金字塔，为死后做准备。

119

砖瓦的故事

3. 五言哀辞砖

出土的古代墓砖中，大部分都是吉语砖，无论是对逝者还是生者都有祝祷的作用。但同时，也有哀辞砖的存在。所谓哀辞是一种文体名，多用韵文，最初是用来哀悼夭而不寿者，后世亦用于寿终者。

在这枚长方形的哀辞砖上窑工随手用硬物刻划了一首五言诗。内容是："一别不相见，以言录年春。夫客半天上，怜子绕愁云。廿字诗。"由于是下层百姓所作，所谓的诗充其量只是"打油诗"而已。

条形文字砖

4. 春秋不竟世砖

墓砖中有些铭文是模制的,有些是趁砖未干随手刻划的。

此砖随手刻划11字,内容是:"会稽明府早弃,春秋不竟世。"明府,是"明府君"的略称。汉魏时期明府是对郡守牧尹的尊称,唐代以后多用来指县令。会稽明府自然是指会稽的地方官了。"早弃""不竟世"是一个意思,指没有颐享天年,而早早离世。铭文中最后一字,有人以为是"也"字,非!根据砖文的字体来看,此砖属于汉魏时期。

砖瓦的故事

5. 魏景元元年张普墓志砖

此砖铭文为"魏景元元年使持节护乌丸校尉幽州刺史左将军安乐乡尉清河张普先君之墓"。三国魏景元元年为公元260年。"使持节"是代表皇帝行使地方军政权力的官职。"护乌丸校尉",又称"护乌桓校尉",是汉魏时期专门管理少数民族事务的武官。

此砖铭文作阳文,外有粗边框,中有细界格,很像是一块缩小的墓碑。

为什么魏晋时期会出现此类墓砖呢?这就要从曹操禁止厚葬说起。汉代推崇事死如事生的思想,所以风行厚葬,大量的财物被转到地下。曹操为了筹措军费,甚至组建了挖坟小分队,为他的战争提供必要的资金,现在盗墓小说中经常提及的"摸金校尉"据说就是曹操设置的。同时,为了不让财富回到地下,曹操明令禁止厚葬,而墓前立碑也在禁断之列。这才使得该时期没有发现太多大型碑碣,同时介绍墓主人生平的文字也从墓前

条形文字砖

的碑上转到了墓中的志上。

而古人对于盖棺定论性的文字又非常重视，尤其是身居高官者。既然不能立碑于墓前，那就把碑缩小，一同埋在墓内。于是墓志便开始大行其道，而带有墓志内容的墓砖也应运而生。

砖瓦的故事

6. 晋王闽之墓志砖

此砖两面刻，铭文甚多，正面5行，行12字，背面3行，行7至9字，共计84字，相当于一篇小型墓志。字与字之间有界格，作阴文，字体在隶楷之间，与云南所出的《爨宝子碑》相仿，是一种隶书向楷书过渡的书体。用笔全方，以折代转，略去隶书波磔，已显出楷书笔法。结体宽博，横向势明显，寓巧于拙，生动可爱。此砖制于晋升平年间。

20世纪60年代，在南京郊外出土了东晋时期的三方墓志，分别为"王兴之夫妇墓志""王丹虎墓志"和"王闽之墓志"。这三方墓志的主人分别为王羲之的叔父王彬之子（兴之）夫妇、女（丹虎）、孙（闽之）。王氏家族的势力在东晋时期达到顶峰。晋末丧乱，王导策划拥立司马睿建立东晋政权。司马睿在登基典礼上，让王导与他一同坐在龙椅上，使得当时有"王与马，共天下"之谈。东晋时，王氏一族不是出皇后，就是出宰辅，可

条形文字砖

以说王氏在当时权倾朝野。刘禹锡的名句"旧时王谢堂前燕"中的"王"便是指琅琊王氏。

这几方小小的墓志砖，在发现时也掀起了一场不小的风波。由郭沫若挑头而起的《兰亭序》真伪之辩就肇始于这几方墓志的出土。郭以墓志书体尚在隶楷之间为佐证，断言东晋时期不可能出现像《兰亭序》那样成熟的行书。而以高二适为代表的反方，坚持《兰亭序》为王羲之真迹。文艺界随之掀起一场全国性的大辩论。不过，此事最终也没有形成一个统一的看法，目前一般还是认为《兰亭序》为王羲之真迹。

7. 宋炼师墓砖

此枚为宋代道教宗师之墓砖，铭文为隶书"宋故冲妙炼师杨氏墓砖"，笔画粗壮有力，结体中宫紧收，整体给人一种庄重敦厚的感觉。砖面文字为凸模所制，故拓印时为白文，比较罕见。

"冲妙"，是玄妙的意思。《魏书·释老志》："夫学迹冲妙，非浮识所辩；玄门旷寂，岂短辞能究。""炼师"，即懂得养生、炼丹之法的道士，尤其是用来尊称修炼丹法达到高深境界的道士。总之，这位杨炼师在南宋是位很有地位的人物。

宋代多位皇帝为了巩固与宣传继承皇位的合法性，都采取重道、崇道的措施。所以有宋一代，道教盛行。宋仁宗亲自撰写《崇道赋》，提出"朕观三教,唯道至尊"。其最为看重的是道教思想中的仁，也的确将这一思想落实在他的执政当中，后人评价，两宋帝王，唯仁宗最圣。

书画皇帝宋徽宗也极力推崇道教，但可惜的是他只信奉道教的术，而非理，没有将道理运用在执政中，所以政治上饱受后人诟病。

8. 秀州海盐县城墙砖

我们看到的这枚是城墙砖，铭文是楷书，写得较轻松。秀州包括旧嘉兴府与旧松江府。此城墙砖应为明代之物，金石家张廷济所藏，孙三锡所拓。两者的名字印分别见于右与左。

张廷济是清代著名的金石学家，浙江嘉兴人，字顺安，号叔未，擅长金石考据之学和文物鉴赏。孙三锡是清代篆刻家，浙江平湖人，字桂山，号怀叔，博学好古，善于鉴别，亦善刻竹和画花鸟。与文鼎（后山）、钱善扬（几山）、曹世模（山彦）并称为"鸳湖四山"。

条形文字砖

9. 明南京城墙砖

此枚城墙砖为明代洪武初年安庆桐城制造，供南京城墙所用。铭文为楷书，分三行，内容乃造砖人的姓名，如"甲首吴贵""小甲沈宗""窑匠李大""造砖人夫李保六"等。将造砖人的名字刻于砖上，一旦有城墙倒塌，所坏之处是何人所建，砖是何人所造，都可以追究责任。

"甲首""小甲"等是保甲制中的低级管理人员。保甲制始于宋代，是一种带有军事管理性质的户籍管理制度。以户为单位，一户设户长；十户为一甲，设甲长；十甲为一保，设保长。

砖瓦的故事

10. 佛塔成就砖

此品为塔砖，大致出于清代杭嘉湖一带的佛塔。上有凸起铭文四字"佛塔成就"。此砖亦为清张廷济所藏，孙三锡所拓，分别有印为证。

塔为宗教建筑，随着佛教的传入而进入中国。2000多年前，佛陀释迦牟尼圆寂后，弟子们将佛陀火化后留下的舍利分散保存。在各地建起"窣堵波（梵文stupa）"以安奉舍利。

到了印度孔雀王朝时期，阿育王又收集佛陀舍利，造八万四千塔以为供养。据说当时在中国境内也有阿育王所建之塔。早期的"窣堵波"比较简单，就是在一个不大的方形台基上，修起半圆形的坟冢，再于其上加一个方尖形的塔顶。我们现在看到的很多藏式白塔，比如北京北海的白塔，就保留了很多"窣堵波"的特点，我们现在称这样的塔形为"覆钵式"。

佛教传入中原后，建筑师们在原有楼阁的基础上，吸收印度墓塔的形式，创造出具有中国特色的新建筑——塔。

有些塔用于供奉佛陀舍利，比如陕西法门寺塔供奉佛陀指骨舍利，北京西山灵光寺塔供奉佛牙舍利，杭州夕照山雷峰塔供奉佛螺髻发舍利；有些塔用于供奉佛像或经卷，比如西安大雁塔便是玄奘法师兴建供奉从西域请来的佛像和经卷；后来有的塔也用来保存高僧大德的舍利和遗物，所以后世僧人圆寂后有"塔葬"的习惯，少林寺的"塔林"便是如此。

11. 元祐五年塔砖

此品为塔砖，笔者所藏、拓，惜残！从残存的铭文来看，内容主要是记录捐造者名"钟氏一娘"，砖石捐献数目"千片"，及题记年月"祐五年五月"。

年号中末字为"祐"者，宋朝特多，有北宋的景祐、皇祐、嘉祐、元祐和南宋的淳祐、宝祐、德祐。从他人所藏与此砖同范者得知，上为"元"字。元祐是北宋哲宗赵煦的年号，元祐五年即公元1090年，所以此砖距今近千年。

大家都知道一句俗语"救人一命胜造七级浮屠"。此话中的"浮屠"就是我们所说的塔。"浮屠"一词便源于前面提到过的窣堵波。

我们不妨从另一面来看这句话，言下之意就是造七级浮屠的功德很大，所以我们就可以得知为什么善男信女们都愿意捐出善款建造佛塔了。

对于生活的美好憧憬，对于亲人的殷切祝愿，对于

条形文字砖

逝者的深深怀念，这是普通人再正常不过的心理。大家都希望通过做功德来实现自己的愿望，所以我们能在这些砖石的铭文上看到一颗颗虔诚而真挚的心。

砖瓦的故事

12. 六和塔砖

此品为六和塔塔砖,上有铭文两行,可辨识者大致为"六和塔朝拜会□□善男信女共施净财烧砖瓦修盖宝塔"。其中"宝"字与现今通行之简化字一模一样,也是宝盖头下有一"玉"字。

现在有很多人否定简化字,其实他们不知道,我们现在通用的很多简化字并不是新字,很多在古器物、书籍中就已经存在,古人早已发明了"简化字"。而那些"厚古薄今"的人一见简化字就喊打喊杀的,岂不是可笑之极!

六和塔是杭州的地标性建筑,坐落在钱塘江畔的月轮山上,始建于北宋开宝三年(970),由僧人智觉禅师创建。六和塔的兴建起初是为了镇江潮,也有说是作为江上的灯塔航标。"六和"之名是取自"六和敬"之义:见和同解、戒和同修、身和同住、口和无诤、意和同悦、利和同均。此塔取"六和"之名,想是希望天下和合,长治久安，国泰民安。

六和塔高近 60 米，外看 13 层，内里实 7 层。外形雍容大度，气宇非凡，立于江边，如一威武大将镇守一方。元元统年间做过一次修缮。明嘉靖年间，外部木构件焚毁于倭寇之乱。明万历间，佛门净土宗祖师莲池大师主持大规模重修六和塔。清雍正年间，朝廷拨国库命浙江巡抚李卫再做大规模修整，历时两年。这就成了我们现在所看到的六和塔。

砖瓦的故事

13. 魏孝昌二年塔砖

塔砖的形制有简单的,也有复杂的。前面我们看到的几品都只是印制简单的铭文,而魏孝昌二年(526)塔砖不仅有长篇铭文,还在砖面上印制佛像,原本可能是砌于塔壁内表面以达到万佛的效果。

此塔砖铭文较长,识读为:"魏孝昌二年造万佛塔,皇帝万岁,天下和平,兆民安乐,四海澄清,四时不愆,五谷丰登,四夷宾服,万邦咸宁,一切众生,咸同斯庆。"这方塔砖铭文与龙门造像题记的风格极为相似。龙门石窟造像的边上或多或少都有题记,主要是记录捐建人的姓名、出资多少、造像后的功德回向,以及造像年月,这方塔砖亦是如此。其文字为阳文楷书,笔意略带魏碑体样式,字体端正,遒劲有力。

条形文字砖

魏孝昌二年造萬佛塔
皇帝萬歲天下和平
北民安樂四海清
四時順下沒五谷
一切衆生服萬歲安
功竟所生咸同朝慶

砖瓦的故事

14. 元康元年买地买宅砖

我们看到的这枚砖上密密麻麻刻满了文字，仔细辨认后，你会发现原来它是一份"买地券"。内容如下："元康元年十一月戊午朔廿七日乙酉收，鄱阳葛阳李达，年六十七，今从天买地，从地买宅，东极甲乙，南极丙丁，西极庚辛，北极壬癸，中英（央）戊己。买地买宅，雇钱三百，华巾三尺。任知者东王公、西王母，若后志宅，当诣东王公、西王母是了。如律令。"

大家一定觉得这个铭文内容很像地契。其实"买地券"就是一份在阴间通行的地契。买地券是古人在安葬亡人时使用的一种明器，作为随葬品被放置在墓中。其作用是向地下神祇宣告亡人的姓名年龄，并通过"买地"取得在阴间的居留权和居住地。同时古人还认为，买地券受到冥界法律的保护。换句话说，买地券就是古代阴间的"房产证"。

买地券源于西汉，盛于东汉，唐宋以降遍布于大江

条形文字砖

南北，一直到清代仍有使用。其内容和格式随时代变化而变化，但显然是从社会上所通行的地契移植而来。它的材质经历了从金属质版、木板、砖、石向纸张变化的过程，文本越来越复杂，同时也更加格式化。我们看到的这份砖质买地券可以说是一个标准件：有时间、姓名、买地方位，有所用钱财，有证明人。买地券的使用是古代土地买卖的反映，也是古人"契约理念"的表现。

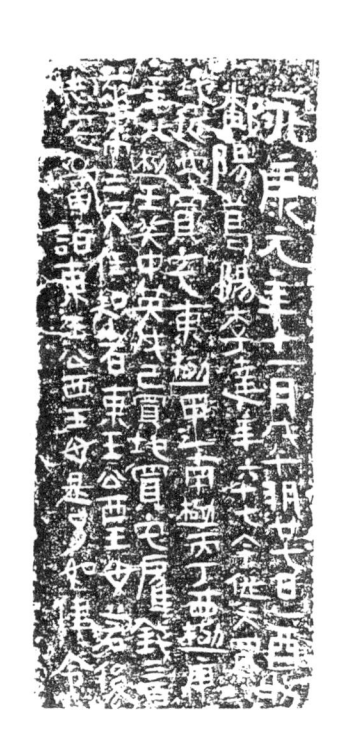

砖瓦的故事

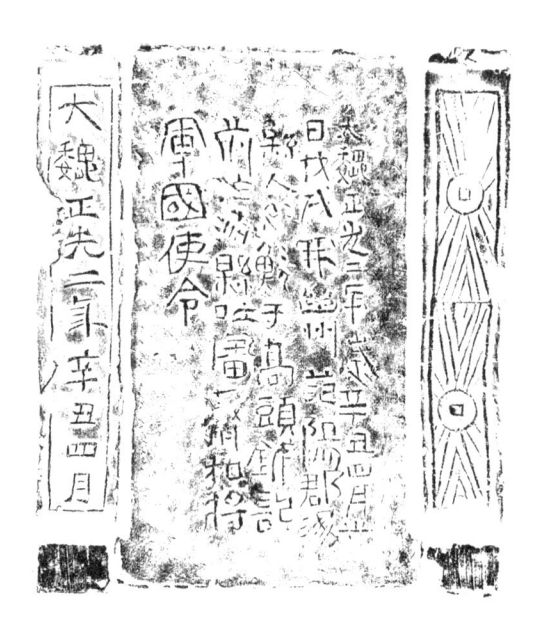

第六章

条形图像砖

在条形图像砖有限的空间内,古人们"脑洞大开",发明创造出各种生动形象的图案,来表现他们所认识的这个世界和他们的生活,这些简洁抽象的图案引领我们走进了古人的内心世界。

砖瓦的故事

1. 钱纹砖

此砖的图像非常简洁，一看便知，是大家都喜欢的东西！其中间是一枚钱纹，两头是两个元宝（或认为是云纹），四角的拐角形图案不知何意，外加一框，两头再加数点。

此砖出于浙江海宁长安镇之东汉画像石墓。此墓在美术史评论家王伯敏先生的《中国绘画通史》里曾被特别提及："浙江海宁长安镇，有东汉画像石墓，刻有车马、神仙等，规模不大，但在南方少有，值得重视。"据海宁市文保所介绍，这个墓虽然早就被盗过，却是嘉兴地区唯一有汉画像的古墓。画像石内容丰富，有"荆轲刺秦王""汉高祖斩蛇起事"等故事。

此画像石墓被称为"三女堆"，据传是孙权之第三女孙鲁育的安葬之处。孙鲁育，生卒不详，字小虎，孙权第三女。孙鲁育初嫁吴国大将朱据，因而称"朱夫人"，朱据死后嫁刘纂。后因反对废太子立鲁王，而遭亲姐姐

条形图像砖

孙鲁班诬害，被孙峻所杀。孙鲁育与朱据之女，即后来东吴景帝孙休的皇后。孙鲁育死后被抛于南京城外石子岗，后被移葬至海宁长安。三女堆在今海宁中学内，不对外开放。

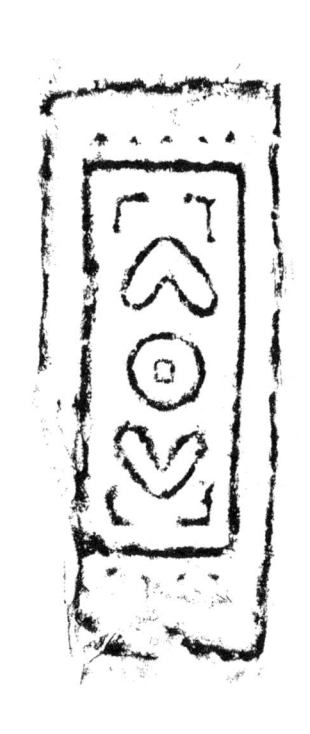

2. 鱼纹砖

此砖正面中间为一枚钱纹，两头各有鱼纹；反面有一鱼纹。

《孟子》中有鱼和熊掌不可得兼的感叹，可见古人对鱼很重视，以至于拿其与熊掌对比。古代文明大都诞生在大江大河之畔，而江河之中的鱼虾之属也成了养活古人的重要食物资源。从原始社会开始，鱼就与人类结下了不解之缘，我们在很多原始陶器上都能看到鱼的形象。

在漫长的历史中，古人也赋予了鱼许多特定的意象。比如"鱼"和"余"谐音，所以鱼象征着"有余"，所以在年末祭祖中必定有鱼，取"年年有余"的意思。鱼的繁殖能力又特别强，一次能生产很多鱼籽，迎合了多子多福的传统思想，所以鱼便又成了古人"生殖崇拜"的一种寄托。鱼儿离不开水，鱼水之欢又蕴含了男女情深、夫妻恩爱、伉俪美满的情意。

条形图像砖

此外,"鲤鱼跃龙门"的故事,又寄托了古人对一跃成龙、平步青云的期盼。所以,鱼有诸多美好的意象,使得很多地方都有它的图像,在墓砖上见到鱼也就不算稀奇了!

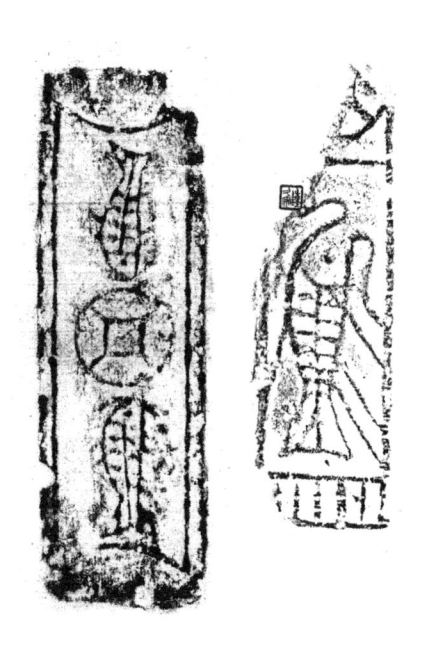

3. 须龙纹砖

龙是中华民族的图腾,因此我们自称为"龙的传人"。龙是一种完全来自古人想象的神物,是宇宙和自然力量的象征。长江作为我们的母亲河,其中生长的一些生物成了古人创造神物的形象来源,比如扬子鳄。龙的原型很有可能就是扬子鳄,其形象具有扬子鳄的基本特征,比如:1.披满鳞甲的身躯;2.长颚大口和位于头顶的翘鼻;3.锋芒毕现的锥形尖牙;4.大而圆的突起眼睛;5.粗壮的长尾;6.强健的四肢和五指利爪;7.有横条纹的腹部。同时,为了弥补扬子鳄秃头尖尾、有损神灵形象的缺陷,古人发挥了充分的想象力,给它添加了角、须、尾鳍,把背部纵向排列的突起角质棘刺也变换成锯齿状背鳍,并拉长躯体以渲染气势。

此砖纹中,龙的躯体短小,首尾上翘,尤其尾部还卷曲内弯,一如老虎尾巴。另一鲜明特征是,其除了上髭卷曲上翘外,下须特长,还弯曲下摆,与羊须截然不同。

条形图像砖

四肢短小粗壮,亦如虎。整个形象敦厚扎实,颇有童趣!

砖右边的图案,粗看似为古钱币纹,但这个图案还在钱之上下加两头大、中间小的矩形,此为"胜"。中间有轴,可贯两个"胜",是古代妇女的一种头饰。

4.孔雀纹砖

古人看到的鸟类大多是家禽,如鸡鸭鹅之类,孔雀较为稀奇,普通人见过的不多。我们看到的这枚孔雀纹砖,孔雀的头很像鹅头,挺着的肚子又很像鸭肚子,踱着四方步的脚又很像鸡爪。可见此砖是未见过孔雀的工匠参考家禽的"照猫画虎"之作,要不是尾后的三枚雀翎,我们肯定认不出这是一只孔雀。而匠人还突发奇想,在其头上也加了两枚雀翎,一前一后,像给孔雀梳了中分头,十分呆萌!

孔雀有文禽之美誉。它体态优美,丹口玄目,细颈隆背。雄雀尾羽修长,光彩艳丽,因美而被大家所喜爱。明清两代,三品文官的补子上都有孔雀的图案。人们还常将孔雀美丽的羽毛插在花瓶里,用来祈求平安、富贵、吉祥。

孔雀不仅为中国人所喜爱,它在其他国家也受到追捧。在伊朗的传说中,孔雀能杀死蛇,能用唾液为自己

条形图像砖

的尾羽编织铜绿色和金蓝色的眼睛。在印度，人们认为孔雀开屏时华丽无比的羽毛，如同四射的阳光一样，所以孔雀便成了太阳的象征。在印度神话中，女神萨罗斯瓦蒂就骑在孔雀上，而因陀罗就坐在孔雀宝座上。

砖瓦的故事

5. 飞天龙纹砖

此枚砖纹可分为三个区，左边是一凭借飞舞的彩带凌空翱翔的飞天，右边是弯成"S"形的飞升之龙，中间是一枚五铢钱。其所表达的含义，笔者认为很简单，就是"既要有钱，又要成仙"。

在佛教传入中原之前，道教就已经有了"飞仙"和"羽人"的概念。无论是活着"羽化登仙"飞升而去，还是死后"蝉蜕成仙"灵魂飞升，都有一个飞升的过程，都是要离开人间，去到更加美好的世界。活着登仙难度太大，实现的人也少，后世越来越倾向于死后成仙。于是人们在墓砖上印制飞升的形象，希望死者能够成仙，去往更好的世界。而这里的龙纹，便成为人在飞升时坐骑的代表，"御龙飞升"是古人的梦想。

佛教传入中原后，在佛教"天人"、道教"羽人"的交融下产生了"飞天"。据此砖背面的纪年，这里的飞天出现的时间比敦煌飞天早好几十年，飞天的状态比较朴实，后来才出现丰乳、露脐的中西合璧之敦煌式飞天。敦煌飞天在大型经变画中主要以散花、歌舞、礼赞或作供养的姿态呈现，他们飞翔在极乐世界的上空，有的脚踏彩云，有的昂首振臂，飞动的衣裙、漫卷的舞带烘托出美妙的身姿，真如唐代大诗人李白赞咏的那样："素手把芙蓉，虚步蹑太清。霓裳曳广带，飘拂升天行。"

其实，佛教中飞天是天龙八部中的乾闼婆和紧那罗。乾闼婆的任务是在佛国里散发香气，为佛献花、供宝，栖身于花丛，飞翔于天宫。紧那罗的任务是在佛国里奏乐、歌舞，但不能飞翔于云霄。后来，乾闼婆和紧那罗相混合，男女不分，职能不分，合为一体，变为飞天。

6. 佛像狮纹砖

此砖左图为佛陀坐于出水莲花之上，右图为狮子形象，图中狮子后腿蹲坐，右前腿支地，左前腿提起，作护持状。二者均以白描的线条简练地绘出概括的形象，整体构图简洁大方，又充满力度。从两图的线条和风格来看，二者应该出于同一块砖。

狮子和佛教有深厚的渊源。狮子被称为百兽之王，狮子一吼，百兽震惶。狮子勇猛无畏，在佛教中象征佛陀度化众生不畏艰险、勇猛精进。佛陀说法时，声音洪亮，无所畏惧，阐明真理，摧折外道，震慑四方，因此被誉为"狮子吼"。相传佛陀弘法，感天动地，使兽王狮子亦受教化，甘为佛菩萨坐骑，成为佛教中的"护法"。在佛教造像中,狮子的形象大多安置在佛像两侧或下方。

条形图像砖

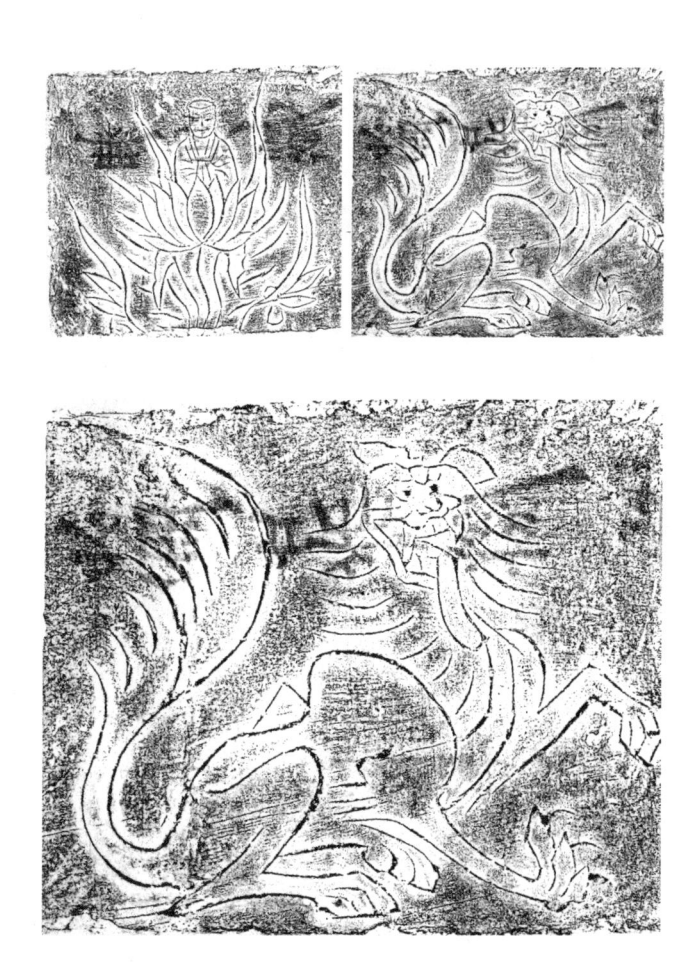

7. 迦陵频伽纹砖

我们看到的这枚砖上有一只神奇的鸟，明明是鸟身却有一颗人的头颅，这就是佛经中大名鼎鼎的"音乐之神"迦陵频伽。

迦陵频伽是佛教中的一种神鸟，其声音美妙婉转，胜于常鸟，佛经中称其为美音鸟或妙音鸟。《慧苑音义》云："迦陵频伽此云妙音鸟，此鸟本出雪山，在壳中即能鸣，其音和雅，听者无厌。"又《正法念经》中说："山谷旷野，其中多有迦陵频伽，出妙音声。如是美音，若天若人，紧那罗等无所及者，唯除如来音声。"

条形图像砖

8. 执器人物纹砖

古代帝王、官员出行时声势壮大，出行的仪仗是必不可少的。护卫所持的旗、伞、扇、兵器等，代表的是其威严和王权，有严格的规定。

此砖左图人物手中所持的是"扇翣（shà）"，是一种长柄掌形扇，仪仗中障尘蔽日的用具，亦称障扇或掌扇。晋崔豹《古今注·舆服》："雉尾扇……周制以为王后夫人之车服。辇车有翣，即缉雉羽为扇翣，以障翳风尘也。"汉代模仿雉尾扇而制成长柄扇。宋孟元老《东京梦华录》："执御从物，如金交椅、唾盂、水罐、果垒、掌扇、缨拂之类。"《小尔雅·广服》："大扇谓之翣。"《宋史·仪卫一》："古者扇翣，皆编次雉羽或尾为之，故于文从羽，唐开元改为孔雀。"

右图人物盔甲披身，并有佩剑，显然是一名武士。手中所持者，是旗幡或兵器的可能性较大。

砖瓦的故事

158

条形图像砖

9.葫芦形树纹砖

此砖的"C"位立有一棵葫芦形的树。那么大家为什么对葫芦这一事物如此热衷呢？其一，葫芦是一种很实用的蔬果，可以吃，可以剖开为瓢，巨大的葫芦甚至可以用来做渡河的工具。其二，"葫芦"与"福禄"谐音，有富贵的含义。其三，古代夫妻结婚入洞房要饮"合卺（jǐn）"酒，"卺"便是葫芦。其四，葫芦藤蔓绵延，代表着子孙兴旺。最后，葫芦和仙人及医生又有密切的联系。挂牌当医生，古文即称"悬壶行医"。砖上这棵葫芦形的树，可能是神树，寓意给人带来吉祥。

砖瓦的故事

10. 采芝纹砖

在这枚古砖上，我们似乎看到了一幅山水画，山石峥嵘，草木繁盛，还有一鹿二人。最奇特的是草木中有一株灵芝，长着三朵伞盖，旁边人的手上似乎也持着一株灵芝。有鹿、有灵芝，这让人想起"福禄"和"长寿"来。古人在砖上描画灵芝是想祈求长生不老吧。

灵芝，自古就被认为是一种可以使人延年益寿、长生不老的仙草，所以又被称为"瑞草""神芝""还阳草"等。传说炎帝有一个美丽善良的女儿，名叫瑶姬。可惜瑶姬早夭，死后她的灵魂化为一株仙草，就是灵芝。有诗曰："帝之季女，名曰瑶姬。未行先亡，封于巫山之台。精魂为草，实曰灵芝。"所以灵芝又称"瑶草"。

在古代传说中，有三座仙山：蓬莱、方丈、瀛洲。这三座仙山上住着神仙，神仙们在仙山上种满了灵芝，每日以灵芝为食，所以才长生不老。

六朝人伪托汉班固撰《汉武帝内传》中，着重描写了汉武帝与西王母的故事，其中也说到西王母居住的昆仑山上有芝田。另外，传说三月三日为西王母寿诞，每年仙女麻姑都要到绛珠河畔采集灵芝，酿酒为王母祝寿。

灵芝的神奇，使它逐渐成为古人心中的仙药。《白蛇传》中，白素贞为了救许仙，冒死上山盗来灵芝，使许仙还魂。灵芝的伞盖形状也发展成了后来常见的纹样"庆云纹"。

砖瓦的故事

11. 舟渡纹砖

观此砖,展现在我们眼前的是三船竞渡的场景。画面的左、中、右有三条船并列出现,中间一船大而完整,有两人立于船上;左右两船均只见船首,尾部或隐于一船后,或隐于画面外,均有一人站立。三船形制相似,皆船头上翘,根据中间一船判断,船尾也应上翘。人物手中所持,系灵芝一类仙药,所以,也有名此砖为"采药图"的。

这让我们不禁联想起赛龙舟的活动。关于赛龙舟,大家熟知与屈原有关的故事:战国时,楚国人因不舍屈原投江而去，大家争先恐后划船追赶拯救屈原，追至洞庭湖时却不见屈原的踪迹。之后每年五月初五，人们都以赛龙舟的形式来纪念屈原。

其实，赛龙舟的活动最早可能是祭水神或祭龙神，在击鼓声中，众人划着刻成龙形的独木舟，做竞渡的游戏，是一种半宗教、半娱乐性的祭祀活动，后来也成了人们喜闻乐见的文体活动。

在更早的新石器时代，人们已经开始使用独木舟了。2002年，考古学家于浙江杭州萧山跨湖桥遗址发掘出土了一条独木舟，经碳-14测年法测定，其距今约8000年，是迄今发现的世界上年代最早、最大的独木舟。独木舟出土时，在其周围还发现了木桨、石锛、编织物等，船上还有修补痕迹，证明当时的先民已经掌握了船只制造和维修技术。

12. 飞燕骑射纹砖

此砖纹上的马一足踏地，三足腾空，将奔马飞驰的形象刻画得栩栩如生。一旁的飞燕引领在前，但紧追其后的奔马也毫不示弱，砖面上所呈现的速度感让人印象深刻。这让我们想起了另一件文物——马踏飞燕。

武威雷台汉墓，是东汉晚期的大型砖石墓葬。其中有精致的铜车马仪仗队，而工艺水准最高的是一匹铜奔马，其后腿右足踩一飞鸟，三足腾空，长尾翘举，线条流畅，肌肉饱满，它的形象已成为我们的国家旅游标志。

这枚古砖，图案和铜奔马有异曲同工之妙。

条形图像砖

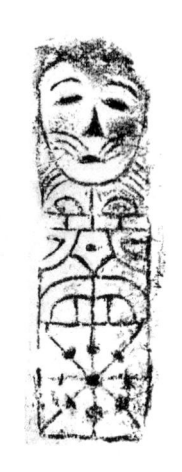

13. 兽面纹砖

兽面纹是古人融合了自然界各种猛兽的特征，同时加以想象而成的各类图纹。由于这些图纹有首无身，所以被称为兽面纹。其实古人创造兽面的初衷是用来"吓人"的！

为什么要"吓人"呢？实际吓的不是人，而是阴间的怪兽或者恶鬼。《周礼》记载，有一种怪物叫魍象，好吃死人肝脑。而一种叫方相氏的神兽，有驱逐魍象的本领，所以人们常令方相氏立于墓侧，以防怪物的侵扰。因此，人们在砖上画兽面纹是想起到镇墓驱邪的作用。

砖瓦的故事

14. 斗鸡纹砖

此砖纹样一看便知，应该是"斗鸡"图。为什么这么说呢？图中斗鸡体型高大魁梧，体质健壮，体躯长，形似鸵鸟，喙如鹰嘴，颈粗壮且长，胸部发达，羽毛浅薄，因此是"斗鸡"品种无疑。

斗鸡，又称咬鸡、打鸡和军鸡，属玩赏型鸡种，是我国古老的鸡种，有2000多年的历史。《史记》《汉书》上多处记载有关"斗鸡走狗"之事。

春秋战国时期，鲁国的季平子与郈昭伯因斗鸡竟打起架来，还直接引发了一场政治风波。斗鸡也是汉、魏时富家子弟普遍爱好的活动，曹植就有《斗鸡》诗极言以斗鸡取乐，其《名都篇》中曾有"斗鸡东郊道，走马长楸间"的诗句。据说魏明帝太和年间曾在洛阳筑斗鸡台。到了唐代，玄宗皇帝痴迷斗鸡，当时"神鸡童"贾昌因善于驯鸡、斗鸡，深得玄宗宠幸，尽享荣华，甚至有《神鸡童谣》讽刺此事："生儿不用识文字，斗鸡走马胜读书。贾家小儿年十三，富贵荣华代不如。"可见当时玩斗鸡到了何等程度。明代高启著有《书博鸡者事》。今陕西宝鸡还有"斗鸡台"遗址。由此可见，中国斗鸡的形成已有悠久的历史。

在墓砖中出现斗鸡纹，很有可能墓主人生前特别喜欢斗鸡之戏，同时也成了斗鸡历史的一个实物佐证。

砖瓦的故事

15. 羽人和神鹿纹砖

古人向往"羽化而登仙",所以汉代金石(如镜、砖等)中常见"低级神仙"的形象,即"羽人"。这枚古砖上正是羽人形象。

一提到"神仙",我们脑海中出现就是身体清癯、衣带飘拂、手持扫尘、乘云而行的形象。但实际上,早期的神仙多有持续腾空的动作,他们或在空中飞翔,或在山间奔跑,唯一的目的是升天,至于外形是高是矮,是胖是瘦,没有定型。

大概因为体型与成仙没有多大关系。所以,当《哪吒之魔童降世》中肥胖的太乙真人出现在我们眼前时,大家立马就接受了。

顾名思义,羽人,就是身上长有羽毛或披着羽毛外衣能够飞翔的人。羽人最早出现在《山海经》中,称为"羽民"。王充称:"身生羽翼,变化飞行,失人之体,更受异形。"张华说:"体生毛,臂变为翼,行于云。"

东汉以后,随着神仙思想和早期道教的传播,成仙飞升的想法变得更为流行。在墓砖中出现羽人形象,正体现了这种升仙的愿望。

16. 西王母纹砖

西王母信仰始于先秦，如战国晚期魏王墓出土的《穆天子传》、先秦地理志怪著作《山海经》，以及先秦典籍《庄子》中都提及西王母。《山海经》中西王母的形象是："其状如人，豹尾虎齿而善啸，蓬发戴胜……"在各种纹样中，头上戴有"胜"的女性形象，基本可以确定为"西王母"。这方古砖中，山石之上端坐的应该就是西王母。

先秦西汉时期，西王母是指西域中某个概念模糊的国家或者引申出来的西方世界的神祇。但是到了东汉时期，西王母已经成为西方一位拥有不死之药的神祇，能令人升天成仙，凡升天之人先要去昆仑拜见西王母，取得仙药和仙籍，然后进入天门，升天成仙。所以西王母成为社会从上到下普遍接受和信仰的天界主导之神。

在道教神话中，西王母是女仙之首，称为"九灵太妙龟山金母"，是主宰阴气和修仙的女神，对应男仙之首东王公。后来，西王母又被奉为掌管婚姻、生育，保护妇女的女神，在民间广为流传。

《穆天子传》中的穆天子西去见到的西王母究竟是谁，没有定论，给今天的人们留下了多种猜想。

除西王母外，此砖中我们还能看到其他几位成员：嫦娥、捣药仙兔、九尾狐和三足乌。

砖瓦的故事

17. 六博纹砖

此砖上有两人，身上长着翅膀，应是上文我们提到的"羽人"，相向跽坐于一方形物体两边。他们在做什么呢？根据场景判断，显然是在玩一种游戏。其间的方形盘状物体，很像棋盘，但中间的格子又非常奇怪，与我们常见的棋盘完全不一样，那是什么呢？

《孔子家语》："哀公问于孔子曰：'吾闻君子不博，有之乎？'孔子曰：'有之。'"这段话提到"博"。那"博"是什么呢？

博，又称六博，是中国古代民间一种掷彩的益智类游戏，因使用六根博箸，故称为六博，以吃子为胜。其中的古玩法大博，是与象棋一样以杀掉特定棋子为获胜，是早期的兵种棋戏，一般认为象棋类游戏是从六博演变而来。

据研究，六博的出现最迟不会晚于商代。到了春秋战国时期，六博已经成为人们非常喜爱的娱乐活动，当时称为"博戏"。秦汉时期，博戏更加流行，当时的统治阶层都喜爱玩此游戏。西汉时宫廷里甚至设有博待诏官。但到了东汉时期，六博棋开始衰落，玩法也逐渐失传。东汉晚期时，随着围棋的日渐流行，使得具有赌博性质的六博棋淡出了人们的生活，但我们常用词汇中却保留了它的影子，博弈一词中的"博"原本便指六博棋，而"弈"就是指围棋。

18. 舞乐纹砖

古代砖纹不仅是当时思想政治的反映，也是当时生产生活的写照，此枚上砖为男女对舞，下砖为女子独舞，但都有乐人两旁伴奏。

秦统一六国后，社会、政治、经济有了很大的进步，文化生活在一定程度上得到发展。汉朝是文化艺术蓬勃发展的时代，这一时期，乐舞百戏广为流行。这两枚砖拓的乐舞图案中，我们可以看到"罗衣从风，长袖交横"的飘逸舞姿；而从地面布置的圆形盘鼓状物件来看，图中人所跳的应该是当时较为流行的"盘鼓舞"。

第七章
画像砖

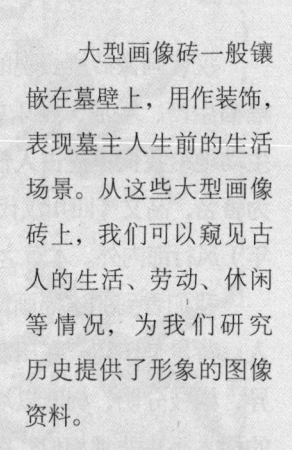

大型画像砖一般镶嵌在墓壁上,用作装饰,表现墓主人生前的生活场景。从这些大型画像砖上,我们可以窥见古人的生活、劳动、休闲等情况,为我们研究历史提供了形象的图像资料。

砖瓦的故事

2. 弋射收割画像砖

此砖画面如同一幅两格漫画,上面三分之二格为弋射图,下面一格为收割图。弋射图中有一个莲池。池中有肥硕的鱼,远处有亭亭玉立的莲花和凫水嬉戏的水禽。池岸上有窄袖长袄的两人作射箭状,姿势优美。右边一人左弓右箭,指向右边天空中的排雁;左边一人手势相同,身子却伏向地面,极度扭曲,指向正上方的天空。二人身后有两棵树,有树无叶,应该是秋冬时节。此时天空有雁,定是南飞越冬。此场景看起来并不稀奇,但大家是否看到了射手边上的物件?一个半圆,半圆里有几个黑点,这可是本图的关键。

在古代,弋射是指以绳索系矢而射。《论语》有"弋不射宿"之语。弋射所用的不是长箭,而是一种"矰",也即短箭。而"缴",是一种很轻的丝线,系在短箭上。而缴的另一头所系的就是图中半圆有黑点的东西——磻。磻是一种可滑动的石块,外面是一个半圆的框,中间横档上竖着几个像线圈一样的东西,用来绕线。那么,弋射就是像风筝一样,将一头系着细线的短箭射出去,然后拿着细线另一头系着的磻,沿线找到所射之物。

此图第二格是收割的场景。在稻田里,右端两人以镰刀收割(镰刀比今所见要长很多),后面三人似在俯身收拾割下的禾。画面最左边是一个挑着担、拎着食盒的人。整个画面有收割者、收拾者、送饭者,活脱脱一幅热火朝天的"抢收图",让我们感受到《诗经》中"八月剥枣,十月获稻""同我妇子,馌彼南亩"的画面。

3. 采桑画像砖

此画像砖的左下角有一扇门，代表一个院子。院门外立着一人，手持长杆式的物体。画面的其他地方满布长短各异的树枝，有人认为这是桐树，那人是在采桐子。笔者认为图中的树应该是桑树。战国时期，人们已经培育出高干桑，采桑叶甚至需上树而为，且院外种桑树便于采摘，随时可采来饲养蚕，所以可推断此人持杆亦是为采桑叶故。

我国是世界上种桑养蚕最早的国家，种桑养蚕也是中华民族对人类文明的伟大贡献之一。桑蚕文化在中国有悠久的历史。传说黄帝时代，黄帝的妻子西陵氏之女嫘祖发明了种桑养蚕。实际上考古发现丝织物的年代比黄帝时代还要悠久五六千年。到了商代，甲骨文中已出现桑、蚕、丝、帛等字形。商、周两代，采桑养蚕已是常见的农活。春秋战国时期，桑树已成片栽植。

《诗经·魏风》就曾描写道："十亩之间兮，桑者闲闲兮。"《汉书·外戚传》则记载:"率皇后、列侯夫人桑。"这两个"桑"字都是指采桑。《诗经·小雅》中有:"维桑与梓,必恭敬止。"这是说家乡的桑树和梓树是父母种的,要对它们表示敬意。后人就用"桑梓"来比喻故乡。

4. 采盐画像砖

此画像砖像是装在墓道墙上的连环画，展示了墓主人生前工作、生活的场景。此图是为采盐图，我们可以清晰地看到图的左边有一口盐井，井上有一带篷高架，架分三层，架上装有滑车挂着皮囊，四人正在提取盐卤。从盐井的口子来看，这属于汉代的大口盐井。宋代以后，盐井都改为小口，名为"卓筒井"；汲卤亦不用皮囊或桶，而改用长竹筒。

图中右下角可见盐锅数口，由于砖有残损，只显两口，灶前有一人点火烧盐，另有一人弯腰在锅前取盐。古代有在四川火井煮盐的记载。《华阳国志》载："(临邛)有火井，夜时光映上照。(先)民欲其火，以家火投之，顷许如雷声，火焰出，通耀数十里……井有二水，取井火煮之，一斛水得五斗盐……"可见当时利用天然气来煮盐的情况也是十分常见的。

此图中间有两人，似乎是在运盐包出场。图右上方和中上部为起伏的山峦，有野兽出没其间，边上有两人正持弓箭射之。

盐是烹调的调料，因含有人体不可或缺的矿物质，自古就是重要的物资。煮盐烧盐也是古代最重要的工业之一。我们常常能见到"盐铁"二字并置，说明这两样东西对古人来说是极其重要的战略物资！

5. 酿酒画像砖

我们看到的这幅是酿酒图。问：为什么是酿酒，而不是做豆腐呢？秘密就在于这些瓶瓶罐罐中了，尤其是通过图片上方的两个觚（gū）！

图左边有两人，一人推独轮车，车上有一方形圆口器物，似在往外送糟；一人挑担，两头各拴酒瓮一口。图右边前景是一酒炉，炉内有瓮，瓮有螺旋圆圈，通过一管与炉口相连，此管可能是曲子发酵、淀粉溶化后输入瓮内的冷管。炉侧一人作观察状。中景有灶，灶上有釜。上边有一人左手靠釜，右手在釜内操作，似在和曲。其旁又一人，像在观看或监督。后景为一排仓房，右边檐下有两个觚，觚旁似有两个圆形盒子。从此图中，我们可以看到酿酒的大致过程。

考古学家在距今八九千年的浙江义乌桥头遗址中发现了一些陶器，器壁上的残留经过检测，发现了酿酒的证据。因此，我国先民酿酒已知有约9000年的历史。

画像砖

砖瓦的故事

6. 舂米画像砖

此画像砖图中四人正干着舂米的活,右边一人横背一圆桶,桶口斜向下,似乎是在倒粮食。其前另一人,正在用箅子除去谷糠。画面左边有杵臼一对,臼石平嵌于地上,横木穿插于杵头,翘杆上有弯弓和扶手,有两人以足踩踏横木末端而舂之。这种简单的舂米工具在汉代就已经普遍使用了。汉代的墓葬中也常有这种杵臼的陶制模型作为明器陪葬。桓谭《新论》中有:"宓牺之制杵臼,万民以济。及后人加巧,因延力借身重以践碓,而利十倍杵舂。"在图的后方有一座粮仓。粮仓以粗木架起,不直接接触地面,以防潮及野兽侵袭。

民以食为天。稻米是我国最为古老的农作物之一,传说中神农氏"尝百草,辨五谷",其中水稻便在五谷之内。我国是稻作文明的发祥地,浙江的浦江上山文化遗址中,考古工作者发现了距今1万年的炭化稻米,中国人工栽培水稻的历史已达万年。

画像砖

7. 东市画像砖

　　这方画像砖上有两处题字：一处在左边门框右上方，题"东市门"三字；另一处在右边二层楼的中间位置，题"市楼"二字。从这两处题记来看，这方画像砖所表现的是集市的场景。古代的市有围垣，称为"阛"，因有垣，则必有门，市门称为"阓"。图中以一门表示此市有阛有阓，有点立门为"市"的意思！市内有一两层小楼，楼顶饰以单凤，二楼有鼓一面。楼下有两人，一人坐于席上，以手比划，对面一人似在倾听。有人猜测，两人是在卜卦交易。但从刻划的人物大小、座位以及姿势来看，二人身份有高下之分。笔者认为形象大者为司市之官，形象小者为贩卒。很有可能墓主人生前做过司市之官，故在墓砖上刻划此事以记之。

画像砖

8. 养老画像砖

这方画像砖正中间有一座建于台基之上的仓房，其前有空地，左边有一人正衣冠而坐，两手伸出，似作指点之状。前面有容器两件。右边有两人，一人跪于地上，手中持一木杖，上有一鸟，其人似乎正在俯看面前容器；而另一人似正执一器物往地上的容器内注物。

为什么这是养老图呢？那就要从手中持杖的老人说起。怎么判断持杖的就是老人呢？这不是一件普通的木杖，它有专门的称呼——鸠杖！鸠杖，又叫"王杖"，是帝王赐予老人使用的拐棍，是一种特殊权利的象征。从史料和考古发现来看，给老人"赐杖"的制度在汉朝被正式确立，开国皇帝、汉高祖刘邦曾以鸠杖赠送高龄老人，开了汉朝赐杖的先河。汉宣帝刘询则使之成为一种制度，规定凡是 80 岁以上的老人，皆由朝廷授予王杖。但从张家山汉简中的相关律令来看，汉代较早时曾施行"七十赐杖"的制度。所以在汉朝最让老人有尊严、自豪的地方，就是发放这个"老年证"——一根"鸠杖"。

我国从周代开始就出现初具规模的养老制度，到了汉代，朝廷每年还会直接给民间老人（庶老）发放食物。画像砖上这位持鸠杖的老人说不定正在领取政府发放的粮食。一旁正衣冠而坐者，说不定就是一位监督发放粮食的政府官员，正在那里指导。

老吾老以及人之老，幼吾幼以及人之幼。唯愿世上，人皆能老，而老有所乐，老有所依。

砖瓦的故事

9. 传经讲学画像砖

此画像砖表现的是古代课堂的场景。老师坐于坛上,头上有一方格形物,用来遮挡灰尘,称为"承尘"。下面席上环坐6位学生,皆手捧竹简,正全神贯注听老师讲学。值得注意的是,右角正对老师那位学生腰间挂有书刀。书刀是用来削去简册上错字的,作用有点像现在的橡皮或者修正液。我们经常说的"不刊之论"中的"刊"字,便是削去、改动的意思。所以"不刊之论"是指不能更改的言论。

看到这样的场景,我们不由会想到孔夫子和他的学生们。孔门有"杏坛"一说。"杏坛",是传说中孔子聚徒讲学的地方。"杏坛"的典故最早出于庄子的一则寓言。《庄子·渔父》载:"孔子游于缁帷之林,休坐乎杏坛之上。弟子读书,孔子弦歌鼓琴。"后来人们就根据庄子的这则寓言,把"杏坛"称作孔子讲学的地方,也泛指聚众讲学的场所。人们还在山东曲阜孔庙大成殿前为之筑坛、建亭、书碑、植杏。北宋时，孔子后代又在曲阜祖庙筑坛，环植杏树，遂以"杏坛"名之。

此砖出于四川，也有人认为，此画表现的是西汉成都文翁石室授经讲学的情景。公元前143年至公元前141年，蜀郡太守文翁曾创建文翁石室，这是中国的第一所地方官办学校。从汉代至今，文翁石室屡毁屡建，文脉不绝。

10. 宴乐画像砖

此宴乐图中有6人，聚散有度，可分为前景、后景。前景中左右各一人：一人舞，长袍拂地，衣袖翻折，体态婀娜，舞姿翩翩，与汉代舞俑十分相似；一人鼓，广袖长袍，峨冠博带，右手按，左手执锤高举，欲击地面之鼓为前者伴奏。后景有4人，分列两排：前面一人正操琴挥弦，想必是"乐正"之类；后三人分坐于鼓琴者两边，一男二女，男者戴冠，女者梳髻。

画面中间有两几，一奁，一盂。奁和盂中均有勺子，可以舀食。

左思《蜀都赋》："金罍中坐，肴槅四陈。觞以清醥，鲜以紫鳞。羽爵执竞，丝竹乃发。巴姬弹弦，汉女击节。起西音于促柱，歌江上之飔厉。纡长袖而屡舞，翩跹跹以裔裔。"

此图与左思的赋两相参照，汉代贵族的家庭宴乐活动的一角便展现在我们眼前。

画像砖

砖瓦的故事

12. 軺车出行画像砖

此砖画有一辆有盖的軺（yáo）车。所谓"軺"，就是轻便的马车。图中车为一马所驾，四面敞露，故为軺车。《释名》中说："軺车，軺，遥也，远也；四向远望之车也。"即是四面敞露之车。《晋书》中又说："軺车，古之时军车也。一马曰軺车，二马曰軺传。"车上乘坐两人，一人手执辔头御马，一人拱手而坐，可能是为官吏或车主。车下轮毂俨然，轮有十二辐。

古人出行，车驾有几匹马是身份的象征，所谓"天子驾六，诸侯与卿驾四，大夫驾三，士驾二，庶人驾一"。从图中来看，所乘之人或许是级别较低的官吏。

画像砖

13. 单阙画像砖

阙，是中国古代一种特殊的建筑，是建于宫殿、祠庙或陵墓前的高台，一般分为台基、阙身、屋顶三部分，立于通道两边，充当外门的作用。其最初是用于瞭望的楼，所以称为"观"。又因皇宫门口的阙上会悬挂法典，所以又称之为"象魏"。实际上阙就是外大门的一种形式。

此砖图中有一单阙，顶檐两旁似有两猴，右上又有图案，均不知何意。檐下拱橡显然。阙的两边各有一人，右边一人躬身捧盾，左边一人执戟而立。秦汉之制，乡间十里一亭，设亭长和求盗。《汉书·高帝纪》有载："求盗者，亭卒。旧时亭有两卒。一为亭父，掌开闭扫除；一为求盗，掌逐捕盗贼。"此图中执盾者，或许是亭长。左边执戟而立者，可能就是求盗。此类有阙有卒的画像砖一般都砌在墓门的两旁，起到护卫墓门的作用。

砖瓦的故事

14. 伏羲女娲画像砖

在我们的神话传说中，伏羲和女娲是人类的始祖。相传，上古时期有一位华胥氏，一日去雷泽郊游，途中见一大脚印，出于好奇，便将自己的脚踏在大脚印上，不想回来后就有了身孕，后诞下一男一女，男孩就是伏羲，女孩就是女娲。后来发生了一场大洪水，兄妹俩爬在一段朽木上才得以活命。此时发现世上再无他人，于是兄妹两人上山用滚石磨的方法来占婚，结果石磨从山头滚下后相合在一起；二人又从山头分别扔下针和线来占婚，而线从针孔中穿过。于是两人决定成婚以繁衍后代。这就是伏羲和女娲成为我们始祖的由来。

王延寿《鲁灵光殿赋》中有"伏羲鳞身，女娲蛇躯"的说法。在汉代的画像中，伏羲和女娲都是以人首蛇身的形象成对出现。伏羲和女娲作为"对偶神"时，以蛇尾相缠绕的形象来体现阴阳相交，生生不息。

在这幅画像上，伏羲左手持规，右手执一圆轮，轮中有金乌，象征着太阳。女娲头上双髻，右手持矩，左手执一圆轮，轮中有蟾蜍和桂树，象征着月亮。二者尾部盘曲未交。伏羲和女娲手持日月，一阴一阳，一升一落，象征着繁衍生息，绵绵不绝。而伏羲和女娲手中所持的规和矩，象征着秉持自然之大道，顺应天地之规则。

在传说中，伏羲还是三皇之一，风姓，相传他创立八卦，教民渔猎。女娲，传为上古女帝，她的主要功绩是大家都熟悉的"抟土造人"和"炼石补天"，被尊称为大地之母。

画像砖

15. 羽人日月画像砖

汉代人在观察太阳时，发现有时候太阳上的某些区域会有深色的斑点（我们现在称之为日斑、太阳黑子），图像如同一只乌鸦，于是认为太阳中住着一只"三足乌"。而夜空中的月亮表面也有各种凹坑，古人将这些坑坑洼洼连起来想象为蟾蜍、兔子或者是桂树。蟾蜍冬天消失不见，春天才又出现，就像月亮有时能见，有时又不能见。兔子是三瓣嘴，有残缺，而月亮也有圆有缺。这就是古人将日月和这些动物联系起来的过程。

我们看到的这两块画像砖，画面上有人首鸟身之像，二者腹部均有一圆轮，分别置金乌及蟾蜍和桂树，以象征日月。而古人认为日月能在天空中运行，是因为有鸟儿驮着它们在飞。《山海经》曰："大荒之中……汤谷上有扶木。一日方至，一日方出，皆载于乌。"人们又在鸟身上加上人头，成为人首鸟身的形象。

阴阳和谐是中国传统的哲学思维模式，这种思维模

砖瓦的故事

式将天地万物都看成是阴阳相对的两个方面。这一思想深深地主宰着古人的思想行为,渗透到古人生活的方方面面。

16. 纺织画像砖

我们看到的这块画像砖表现的是纺织的场景。整个砖面设计成一个开间的样式（两边为柱，中间为梁），纺线和织布的工作就在这间房内进行。画面中共有三人，一人纺线，一人绕线，还有一人在织布。纺线者手未停，织布者正停织回首与之交谈。

我国纺织的起源相传始于嫘祖养蚕治丝。旧石器时代的山顶洞人已经开始使用骨针，到了新石器时代，人们又发明了纺轮。距今约 5000 年的良渚文化出现了玉质的原始腰机。西周出现了原始的纺织机，汉代发明了提花机。

中国最早的纺织品，是丝与麻、葛。据史料记载："（棉花）宋元之间始传其种于中国，关陕闽广首获其利，盖此物出外夷，闽广通海舶，关陕通西域故也。"可见，在此之前，中国老百姓并没有见过棉花，更别谈用于纺织。而在棉花传入中国，人们发现了它的价值后，政府也开始大力推广，棉花终于成为重要的经济作物。

砖瓦的故事

17. 丁兰刻木事亲画像砖

这枚画像砖为明清风格，不一定出自墓葬，很可能嵌于一般住宅的墙壁中。画面内容是广为熟知的"二十四孝"中丁兰刻木事亲的故事。丁兰，相传为东汉时人，幼年父母双亡，他思念父母的养育之恩，于是用木头刻成双亲的雕像，事之如生。凡事均和木像商议，三餐敬过双亲后自己方才食用。出门前一定禀告，回家后一定面见，从不懈怠。但时间久了，其妻对木像便不太恭敬了，还好奇地用针刺木像的手指，木像的手指居然有血流出。丁兰见木像眼中垂泪，问知实情，遂将妻子休弃。

砖瓦的故事

1. 海内皆臣砖

此砖铭文为："海内皆臣，岁登成熟，道毋饥人。"

此为秦砖，一般铺于地面当"地砖"使用。此砖12字分别列于长方形的界格内。有时我们还能看到16字的同类砖，即在12字的基础上，再增加"践此万岁"四字。铭文的意思是：四海之内都已臣服，每年的粮食都能丰收，道路上没有逃荒要饭的百姓，希望踩踏在此砖之上的人能万岁无恙。

公元前221年，秦国灭掉了东方实力最强的大国——齐国，至此统一全国，成为秦帝国。从秦王政十七年到二十六年（前230—前221），短短的9年时间，战国七雄中的六国依次被秦国所灭。秦国完成统一大业，成为空前大一统的集权帝国。秦王嬴政自认为是"自上古以来未尝有，五帝所不及"，便自称"始皇帝"。

秦朝结束了春秋以来诸侯混战的局面，开创了我国历史上第一个统一的多民族中央集权国家，是专制集权统治制度的肇始，此制度在我国沿袭了2000多年，影响深远。

此砖铭文既反映了四海一统、天下归一的实际情况，又表达了统一后，生产发展，农业兴旺，经济贸易昌盛，百姓对生活安定富裕的希望。

不过，也有认为此砖属于汉代早期。

砖瓦的故事

字汉砖"为新繁出土的吉语砖，最初为农夫耕田时发现，具体数字不详，并伴随模范一起出土。清代著名金石学家、被尊为"甲骨文之父"的王懿荣当时刚考中进士，请假省亲路过新繁，见此汉砖，将之视为珍宝，"因揣数品以去，此砖遂传海内"。

此砖铭文寥寥24字，涉及富贵、亲情、友情、爵禄，涵盖了人生的重要内容。

大型文字砖

4. 九思砖

此砖铭文为:"君子有玖思,视思明,听思聪,色思温,貌思恭,言思忠,事思敬,疑思问,忿思难,得思义。"

"九思"出于《论语》,是孔子对君子的行为提出的9个方面的准则。

视思明,听思聪:指观察事物要清晰明白。看待一件事情,不能人云亦云,要以自己的智慧去判断。

色思温,貌思恭:人的脸色和仪容仪态,都是内心情感和意愿的外在表现。所以在日常生活中,对人的表情要温和,对人的态度要谦虚恭敬,不可嬉皮笑脸,玩世不恭。

言思忠，事思敬：指说话要忠信，做事要认真。无论对什么人什么事情，诚信是第一位的。

疑思问：指有了疑问，就应该考虑请教别人。荀子《劝学篇》中说："吾尝终日而思矣，不如须臾之所学也。"韩愈在《师说》中也说："人非生而知之者，孰能无惑？"学问之广之大，无人能通晓。知之为知之，不知为不知，不知就问，何耻之有！

忿思难：指在发怒的时候，要考虑是否会产生不良的后果，强调个人的情绪管理。《中庸》："喜怒哀乐之未发谓之中，发而皆中节谓之和。"在情绪波动的时候，应该问问自己，是否值得动怒。林则徐有"制怒"之座右铭，西方人有"冲动是魔鬼"之戒，与之同意。

得思义：指对于所得应该思考是否符合道义。常说"盗亦有道"，何况君子，对于所得不能苟且了事，糊里糊涂。

大型文字砖

5. 千秋万世砖

此为汉砖,三砖铭均作"千秋万世",并有正反排列的现象。文字之间有钱纹和宝珠纹装饰。

古人常用"秋"代指一年,千秋是虚词,泛指时间很久。"世"指一个时代,有时特指"三十年"。从"世"的字形上不难发现其和"卅"有相似之处。"万世"比"万年"和"万岁",从时间概念上来讲,还要久远得多。

从此砖铭文和饰纹看,做砖的匠人是要表达"长寿"和"富裕"的概念。既能长命百岁,又能有钱花,是人们的普遍追求。

砖瓦的故事

6. 金砖

此砖铭文为:"万历十二年分夏季造二尺方砖／直隶苏州府总督同知黄嘉善委官经历易经／□□□□。"

"金砖"可能是我国古代工期最长、制作工艺最为复杂的一种砖。古人在制作金砖时,先要选土,要求用"黏而不散,粉而不沙"的优质土,选好后要露天堆放一年,去其"土性"。然后再入池浸泡,用牛反复踩踏炼泥,以除去气泡。再经摔打后入模,由人踩实为止。后堆置阴干7个月,再入窑烧制。烧时,先用糠草熏一个月,接着劈柴烧一个月,再用整柴烧一个月,最后用松枝烧40天，方能出窑。出窑后，又得经过细心打磨，使其光亮如镜。最后再泡以桐油，使其光泽鲜亮，并可延长使用寿命，金砖到此方成，整个制作过程前后经历两年有余。金砖费时费工，因此身价不菲，当年就有一块金砖一两黄金的说法，或许这便是"金砖"名字的由来。

因为其制作的艰难、价格的昂贵，金砖并不是普通百姓用得起的，这种由特殊工艺制成的金砖一直是皇家宫殿的专用品，故宫的重要宫殿中都铺设有这样的砖。现在我们看到的太和殿金砖是清康熙年间铺设的，其共铺有金砖4718块。至今，它们依然光亮如新。

当年永乐皇帝迁都北京，建造紫禁城，由苏州香山帮工匠推荐，选中了陆慕镇烧制的"金砖"作为墁地的材料。从那时起，陆慕镇就专门烧制"御窑金砖"。直到今天那里的窑烟仍未熄灭，还在为古建的维修提供必要的砖料。也有说因为金砖由苏州所造，送往京城，所以是"京砖"，后来演变为"金砖"。另一种说法是金砖烧成后，敲击时会发出金属的声音，所以称为"金砖"。另有说法，金砖为皇家所用，且用在宫殿里，以"金"字命名，取其高贵之意，也取金不腐不锈、金汤永固之意。

后世人有将"金砖"用为桌面的，如图所示，据称始于俞樾。一方砖桌之上，或布棋，或插花，或置茶具，或摆古物器皿，可谓"清雅之极"！

本书主要参考书目

1. 高文:《四川汉代画像砖》,上海人民美术出版社,1987年。

2. 殷荪:《中国砖铭》,江苏美术出版社,1998年。

3. 杨絮飞、李国新:《汉画学》,河南大学出版社,2013年。

4. 金翔:《藏砖纪事诗》,中国美术出版社,2009年。